AF522978

1 mal VORKOCHEN 1 Woche GENIESSEN

MEAL PREP FÜR DIE GANZE FAMILIE

DIE DR. OETKER GELING-GARANTIE

UNSER VERSPRECHEN

Liebe Leserinnen, liebe Leser,

mit den Rezepten in unseren Koch- und Backbüchern möchten wir Sie und Ihre Lieben glücklich machen. Zum Glück braucht es den Erfolg, und den kaufen Sie mit jedem Dr. Oetker Buch gleich mit.

Dafür gibt es die Dr. Oetker Geling-Garantie. Sie ist unser Versprechen, dass alle Rezepte aus diesem Buch ganz einfach und sicher gelingen. Die Geling-Garantie startet schon bei der Zutatenliste: Alle Zutaten, die wir verwenden, sollten Sie leicht in Ihrem Supermarkt vor Ort einkaufen können. Jeder Zubereitungs-Schritt ist klar und einfach nachvollziehbar.

Eine Garantie können wir Ihnen aber auch deshalb mit gutem Gewissen geben, weil alle Rezepte dieses Buches von unserem erfahrenen Team entwickelt wurden. Anschließend haben wir jedes Gericht in einer ganz normalen Küche nachgekocht oder nachgebacken. Immer wieder. So lange, bis wir uns sicher waren, dass es gelingt. Und zwar auch bei Ihnen zu Hause.
Was wir versprechen, halten wir auch. Sollte beim Kochen oder Backen eines unserer Rezepte dennoch etwas danebengehen oder es Ihnen einfach nicht schmecken, dann lassen Sie es uns wissen.

Schreiben Sie oder rufen Sie uns an! Wir werden das Rezept nochmals kritisch prüfen und Ihnen helfen herauszufinden, woran es gelegen haben könnte.

Schreiben Sie eine E-Mail an kontakt@oetker-verlag.de.

Wir sind für Sie da. Garantiert.

Mit herzlichen Grüßen
Ihre Dr. Oetker Redaktion

Inhalt

Allgemeine Hinweise

Sicher ist sicher

Sie wissen, welches Menü Sie zaubern wollen? Super! Damit nichts schiefgeht, lesen Sie das Rezept am besten vor dem Einkauf und auf jeden Fall vor der Zubereitung noch einmal gründlich und ganz in Ruhe durch. Dann wissen Sie genau, was Sie in welcher Menge benötigen und wie Sie es optimal verarbeiten.

Zubereitungszeit ist nicht alles

Lassen Sie keine unnötige Hektik aufkommen. Die Zubereitungszeit dient Ihrer Orientierung; sie ist ein Richtwert und abhängig von Ihrer Kocherfahrung. Wichtig für die Planung: Sie beinhaltet nur die Zeit der tatsächlichen Zubereitung. Längere Wartezeiten wie Kühl- oder Abkühlzeiten, Auftau- und Durchziehzeiten kommen ebenso wie die Garzeiten noch dazu, sofern parallel keine weitere Tätigkeit erfolgt. Die Zusatzzeiten sind, wenn möglich, extra ausgewiesen.

Backofen individuell einstellen

Die in den Rezepten angegebenen Gartemperaturen und Garzeiten sind Richtwerte, die je nach individueller Hitzeleistung des Backofens über- oder unterschritten werden können. Wichtig: Die Temperaturangaben in diesem Buch beziehen sich auf Elektrobacköfen. Die Temperatureinstellmöglichkeiten für Gasöfen variieren je nach Hersteller, sodass wir keine allgemeingültigen Angaben machen können. Bitte beachten Sie deshalb bei der Einstellung des Backofens die Gebrauchsanleitung des Herstellers.

Angaben zu Nährwerten

Sie sind Näherungswerte und auf die in den Rezepten angegebenen Portionen oder – wenn keine genaueren Angaben möglich sind – auf die Gesamtmenge bezogen.

Abkürzungen

TL	Teelöffel
EL	Esslöffel
Msp.	Messerspitze
Pck.	Packung/Päckchen
g	Gramm
kg	Kilogramm
ml	Milliliter
l	Liter
evtl.	eventuell
geh.	gehäuft
gem.	gemahlen
ger.	gerieben
gestr.	gestrichen
T K	Tiefkühlprodukt
°C	Grad Celsius
Ø	Durchmesser
E	Eiweiß
F	Fett
Kh	Kohlenhydrate
kcal	Kilokalorien

Laktosefrei ist kein Problem

Der Handel bietet eine Vielzahl an laktosefreien Produkten an – auch Milch und Milchprodukte von Buttermilch bis Schmelzkäse. Deshalb kann jedes Rezept auf laktosefrei umgestellt werden. Wichtig: Laktose kann auch „versteckt" in vielen anderen Lebensmitteln vorkommen, z. B. in Brotwaren oder in Halbfertig- und Fertiggerichten wie Kartoffelzubereitungen oder Kräutermischungen. Im Zweifel nachlesen und sich erkundigen.

Bio: Klare Richtlinien

„Bio" oder „Öko" beziehen sich in der Regel auf die Anbauweise – nicht zu verwechseln mit „vegetarisch" oder „vegan". Kennzeichen für Bio-Produkte sind:

- Alle Zutaten aus ökologischem Anbau
- Anbau, Produktion und Handel durch unabhängige EU-Organisationen kontrolliert und zertifiziert
- Keine Gentechnik bei Produkten und Zusatzstoffen
- In der Regel keine künstlichen Farbstoffe oder Geschmacksverstärker

Hygienehinweise

- Lebensmittel richtig lagern und auftauen.
- Zerkratzte Brettchen austauschen.
- Kühlschrank regelmäßig säubern und auf die richtige Temperatur achten (um 6 °C).
- Spüllappen und Geschirrtücher regelmäßig wechseln.
- Den Arbeitsplatz bzw. die Küche regelmäßig reinigen und Abfälle häufig entsorgen.

Küchenhygiene ohne Kompromisse

Wer Lebensmittel verarbeitet, sollte auf seine persönliche Hygiene achten. Das heißt: Regelmäßig Hände waschen, saubere und kurze Fingernägel, Ablegen von Ringen, saubere Kleidung, bei Schnittverletzungen wasserdichte Pflaster verwenden. Alle Arbeitsgeräte sollten sauber und technisch einwandfrei sein. Wenn Sie noch diese Hygienehinweise beachten, ist alles perfekt.

Meal Prep – vorkochen und genießen

Meal Prep – was ist das?

In diesem Buch kommt das sogenannte Meal Prep zum Einsatz. Doch was ist das genau? Übersetzt bedeutet „Meal Prep“, sich seine „Mahlzeit vorzubereiten“. Während beim klassischen Vorkochen ganze Mahlzeiten vorbereitet und anschließend wieder aufgewärmt werden, macht sich Meal Prep Prinzipien aus der Gastronomie zu eigen. So werden beim Meal Prep Speisekomponenten vorbereitet und getrennt voneinander gelagert. Das bedarf Vorplanung und Vorbereitung, am Ende können Sie aber die komplette Mahlzeit in nur etwa 15 Minuten fertigstellen. Gerade für Familien, bei denen der Hunger die Kinder in Windeseile überrollt, ist das ein entscheidender Vorteil, der dabei hilft, gelassen zu bleiben und schnell gesunde Mahlzeiten auf den Tisch zu bringen.
Diese Methode spart zudem Zusatzausgaben. Denn wenn die Wochenmahlzeiten klar geplant sind, kommt es weniger häufig zu Spontankäufen.

Meal Prep Step by Step

Meal Prep besteht aus den Schritten Planung, Einkauf, Vorbereitung und Fertigstellung.

Die **Planung** haben wir bereits für Sie übernommen. In diesem Buch finden Sie abwechslungsreiche Zubereitungspläne für 10 Wochen. Die Wochenenden sind davon ausgenommen. Allerdings sollten Sie Platz in Ihrem Kühlschrank einplanen, um die Mahlzeitenkomponenten dort lagern zu können. Nutzen Sie doch die Gelegenheit und putzen Sie Ihren Kühlschrank gleich, wenn Sie ohnehin schon am Aus- und Aufräumen sind.
Wenn Sie keinen großen Kühlschrank besitzen, können Sie manche Komponenten an einem kühlen Ort wie dem Keller lagern.

Auch die **Einkaufslisten** gibt es bereits. Sie können also gleich losziehen und für Ihre Lieblingswoche einkaufen. Dabei müssen Sie sich keinesfalls an die Reihenfolge in diesem Buch halten. Sie können sich nach Lust und Laune die Wochen heraussuchen, die Ihrer Familie am besten gefallen.

Den Einkauf erledigen Sie idealerweise am Samstag, da Sie manche Lebensmittel bis zu einer Woche lagern und frischhalten müssen. Achten Sie bei den Produkten auf eine möglichst lange Haltbarkeit, ganz besonders wichtig ist das bei Fleisch, Fisch und Geflügel.

Backwaren wie Baguette können Sie im Voraus, in der haltbaren Variante kaufen, Fladenbrot können Sie ggf. einfrieren. Oder Sie kaufen derartiges Gebäck am entsprechenden Wochentag selbst frisch.

Am Sonntag ist ein guter **Vorbereitungstag**, da sich manche Gerichte in diesem Buch, die für Montag vorgesehen sind, nicht lange lagern lassen.
Das Wichtigste ist: Machen Sie es sich in der Küche gemütlich. Schaffen Sie sich Platz und stellen Sie sich zusammen, was Sie verarbeiten möchten. Außerdem ist es praktisch, sich bereits eine Reihe

an Vorratsgefäßen in unterschiedlichen Größen zurechtzustellen. Stapelbare Glasboxen sind praktisch, weil man den Inhalt sieht und weil man sie im Kühlschrank platzsparend lagern kann. Aber auch Schraub- oder Einmachgläser und andere Dosen und Behältnisse sind geeignet. Wir empfehlen Ihnen, scharfe Messer zu benutzen. Damit können Sie schneller und sicherer arbeiten als mit stumpfen.
Sie benötigen etwa 1 ½ Stunden, um alle Speisen vorzubereiten. Wenn Sie gerne gemütlicher kochen, können Sie für die Vorbereitung auch gern mal 2 Stunden brauchen.
Die Reihenfolge der Vorbereitung ist so gewählt, dass die Zeit optimal genutzt ist. Lassen Sie sich nicht davon irritieren, dass die Zubereitungsschritte von den einzelnen Rezepten entkoppelt sind.
Ist alles fertig, können Sie sich entspannen, denn Sie haben den Großteil der Arbeit bewältigt und können einer Woche voller leckerer, schneller und gesunder Familienmahlzeiten entgegensehen.

Zum **Fertigstellen** brauchen Sie nun noch etwa 15 Minuten pro Tag. Je nach Rezept muss das Essen gemischt, erwärmt oder noch durch Komponenten ergänzt werden.
Dann können Sie entspannt gemeinsam genießen.
Wir haben die Rezepte so geschrieben, dass Sie sie auch außerhalb der Reihe ohne Meal-Prep-Vorbereitung nachkochen können. Alle Gerichte sind auf 4 Portionen ausgelegt.

Basiszutaten

Die allermeisten Zutaten, die Sie für die Gerichte benötigen, haben wir in der Einkaufsliste erfasst. Allerdings gibt es ein paar wenige Basis-Zutaten, die wir nicht aufgeschrieben haben, weil Sie diese vermutlich ohnehin zu Hause haben. Es handelt sich um folgende Basis-Lebensmittel:

- Salz
- Pfeffer
- Zucker
- Olivenöl
- Speiseöl
- heller/weißer Essig

Einkauf und Lagerung

Grundregeln für den Einkauf

Vorräte checken, Einkaufszettel schreiben und möglichst ohne Hunger einkaufen. Es gibt immer Alternativen: frische Produkte aus der Region oder schonend behandelte Tiefkühlware, Fleisch oder Fisch, Saisonprodukte oder Ganzjahresklassiker. Vertrauen Sie Ihren Sinnen: Frische Ware sollte nicht nur ansprechend aussehen, sondern auch gut riechen – bei verpackten Artikeln natürlich immer auf das Mindesthaltbarkeitsdatum (MHD) achten.

Frisch auf den Tisch

Obst und Gemüse möglichst öfter in kleinen Mengen einkaufen, frisch verzehren und damit nur kurz lagern. Die meisten Obst- und Gemüsesorten bewahrt man am besten im Gemüsefach des Kühlschranks auf. Ausnahme: Kälteempfindliche Lebensmittel wie Auberginen, Bananen, Kartoffeln, Tomaten und Zitrusfrüchte besser dunkel und kühl lagern. Viele Früchte wie Äpfel, Birnen, Aprikosen und Bananen reifen nach; diese besser von anderen Lebensmitteln getrennt lagern.

Heiß und fettig

Fette und Öle sind generell empfindlich gegen Wärme, Licht, Sauerstoff und Fremdgeruch. Angebrochenes Öl deshalb stets gut verschließen und bald verbrauchen – sonst wird es ranzig.
Wasserhaltige Fette wie Butter, Margarine sowie kaltgepresste Öle mit hohem Gehalt an mehrfach ungesättigten Fettsäuren (z. B. Soja- und Sonnenblumenöl) am besten kühl und dunkel lagern.

Klassiker Konservendose

Dosenprodukte enthalten trotz des Konservierens noch Mineralstoffe und Vitamine. Es entfällt aber beispielsweise bei den Hülsenfrüchten die lange Garzeit. Gegartes Dosengemüse wie Erbsen oder Mais braucht nur warm gemacht und nicht erneut aufgekocht zu werden. Nutzen Sie auch die Flüssigkeit in der Dose, z. B. als Basis für eine Sauce. Füllen Sie Reste von Dosen zur weiteren Aufbewahrung in ein anderes Gefäß um. Stark verbeulte und beschädigte Dosen sollten Sie grundsätzlich nicht verwenden! Obstgläser möglichst dunkel aufbewahren, da Licht vorhandene Vitamine zerstört.

Abgepackter Genuss

Ob Mehl, Zucker, Kaffee, Suppe, Kartoffelpüree, Backmischung und anderes – Tüten und Instantbeutel sollten Sie bei Zimmertemperatur, dunkel und trocken lagern. Angebrochene Tüten fest verschließen, in Plastikdosen o. Ä. aufbewahren und bald verbrauchen – vor allem Kaffee und Tee sind ausgesprochen geruchsempfindlich.

Tiefgekühlte Lebensmittel

Tiefkühlkost (TK-Ware) gehört einfach dazu und ist eine tolle Alternative zu Frischware: Vollreif geerntete Lebensmittel kommen nach kurzer Verarbeitung sofort in die Schock-Frostung, werden also auf mindestens minus 30 °C heruntergekühlt. Zwischen Feld und Kühlung liegen nur wenige Stunden. Dadurch bleiben nicht nur die Form, sondern auch Nährstoffe und Vitamine weitgehend erhalten. Außer Gemüse bieten sich auch Fleisch, Fisch oder natürlich Fertiggerichte wie Pizza für das Tiefkühlen an.

Salmonellengefahr vermeiden

Lebensmittel sind Naturprodukte und müssen sachgemäß behandelt werden.

- Leicht verderbliche Lebensmittel tierischer Herkunft immer im Kühlschrank (unter 7 °C) aufbewahren.
- Fisch, Geflügel, Krusten-, Schalen- und Weichtiere sowie Wild immer getrennt von anderen Lebensmitteln aufbewahren.
- Gefrorenen Fisch, gefrorenes Fleisch und Geflügel so auftauen, dass das Tauwasser abfließen und andere Lebensmittel nicht verunreinigen kann. Tauwasser wegschütten.
- Fisch, Fleisch und Geflügel immer gut durchbraten. Hackfleisch noch am Tag der Herstellung (Verbrauchsdatum beachten) verbrauchen.
- In der Mikrowelle die Speisen gleichmäßig (auf mindestens 80 °C) erhitzen.
- Für Gerichte mit rohen Eiern nur Eier verwenden, die nicht älter als fünf Tage sind (Legedatum beachten!). Fertige Speisen innerhalb von 24 Stunden verzehren und so lange im Kühlschrank aufbewahren.

TK-Produkte sicher transportieren

Tiefkühlprodukte erst am Ende des Einkaufs in den Einkaufswagen legen; bei langem Heimweg oder sommerlichen Temperaturen besser Kühltaschen oder -boxen verwenden oder die Waren in Zeitungspapier einwickeln. Zu Hause die TK-Ware sofort ins Gefriergerät legen. Optimal: Neue TK-Ware nicht direkt neben bereits eingelagerter Ware lagern; sonst entzieht die neue Ware der älteren die Kälte. Sinnvoller Weise in separate Schubladen und Körbe oder ein Vorgefrierfach legen.

Richtig lagern ist wichtig

So machen Sie nichts falsch: Frischwaren wie Milch, Käse, Wurst, Fleisch oder Fisch werden bis zum Verbrauch im Kühlschrank aufbewahrt. Lebensmittel stets verpackt in den Kühlschrank legen. Ausnahme: Eingeschweißtes Gemüse wie Pilze und Tomaten aus der Packung nehmen (Schimmelgefahr). Unverpackte tierische und pflanzliche Lebensmittel getrennt voneinander im Kühlschrank lagern, damit keine Keime übertragen werden. Eiweißreiche Lebensmittel können eher verderben – Schalen- und Krustentiere schneller als Fisch, Fisch schneller als Fleisch.

Grundvorrat und Aufbewahrung

Vorratshaltung im 21. Jahrhundert

Inzwischen können wir uns das ganze Jahr über aus einem großen Angebot an Obst und Gemüse bedienen. Ein kleiner Grundvorrat bewährt sich trotzdem. Ideal, wenn man kurzfristig wegen Krankheit an die Wohnung gebunden ist oder überraschend Besuch vor der Tür steht. Geeignet ist dann Vorbereitetes wie knackfrisches TK-Gemüse, TK-Gemüsemischungen oder köstliche Beeren aus dem Gefrierfach, fertiger Pizza-, Filo- oder Blätterteig aus dem Kühlregal.

Regionales: Das Glück liegt oft so nah

Saisonale und regionale Produkte schmecken einfach am besten, sind reichlich und damit günstig vorhanden. Viele heimische Obst- und Gemüsesorten (wie Äpfel, Birnen, Nüsse, Kartoffeln, Kohl, Möhren, Rote Bete, Steckrüben, Zwiebeln) lassen sich gut lagern und sind deshalb auch in den Wintermonaten aus regionalem Anbau, z. B. auf Wochenmärkten verfügbar. Die Nähe zum Produzenten führt zu kürzeren Transportwegen und erhöht das Vertrauen in die Qualität der Waren.

Eiserne Reserven schaffen

Es ist praktisch und sinnvoll, einige Lebensmittel tiefgekühlt oder in Dosen, Tüten und Gläsern „für die Ewigkeit“ einzulagern. Ideal auch, wenn die Zeit (und Lust) zum Einkaufen fehlt. Trockene Vorräte nach dem Öffnen der Packung möglichst in gut verschließbare Vorratsbehälter umfüllen (luftdicht, gegen Schädlinge geschützt) und sorgfältig beschriften.

Pluspunkte Tiefkühlkost

TK-Produkte sind unabhängig von der Saison verfügbar, schon weitgehend vorbereitet, lange haltbar und schnell zubereitet. Küchenfertige Rohprodukte wie Spinat oder garfertige Produkte wie Fischstäbchen sind ebenso beliebt wie schon komplett fertige Pizza oder Lasagne. Die ideale Lagertemperatur beträgt für TK-Produkte stets -18 °C. Wichtig: Die Gefriergeräte regelmäßig (1–2-mal im Jahr) oder bei einer 3 bis 5 Millimeter dicken Eisschicht abtauen, sonst verbrauchen sie zu viel Energie und halten die Temperatur nicht mehr konstant.

First in – first out

Oberstes Gebot für jede Art der Lebensmittellagerung ist das FIFO-Prinzip. First in – first out heißt ganz einfach: Neue Ware stets hinter den bereits eingelagerten Produkten einordnen.

Gekochtes richtig aufbewahren

Mahlzeiten nicht über längere Zeit warm halten (maximal 1/2 Stunde), sondern rasch abkühlen, im Kühlschrank aufbewahren und später wieder kurz erhitzen. Zum Aufwärmen kleinerer Mengen sind vor allem Mikrowellengeräte geeignet.

Heute schon an morgen denken

Planung ist alles – auch in der Küche. So wird es noch leichter:

- **Kartoffeln** gleich für zwei Tage kochen: Am ersten Tag als Salz- oder Pellkartoffeln genießen und am nächsten Tag werden aus den Resten Bratkartoffeln oder ein leckerer Kartoffelsalat. Ebenso können Nudeln und Reis gleich in größeren Portionen vorgekocht und zugedeckt im Kühlschrank aufbewahrt werden.
- **Gemüse** wie grüne Bohnen, Blumenkohl, Möhren oder Pastinaken sind an einem Tag eine köstliche Gemüsebeilage, am nächsten Tag schmecken Sie als leckerer Gemüsesalat oder im Eintopf. Wenn ein Teil aufbewahrt und weiterverwendet werden soll: Ein Teil des gekochten Gemüses etwa 5 Minuten zuvor herausnehmen, abkühlen und kalt stellen. Am nächsten Tag zufügen und etwa 5 Minuten in der Suppe oder dem Eintopf zu Ende garen und mit erwärmen.
- **TK-Produkte** wie Fisch oder Fleisch, die aufgetaut verwendet werden, bereits am Vortag/Vorabend in den Kühlschrank legen – so tauen sie schonend auf. Nicht vergessen: Aus der Packung nehmen und zugedeckt auf einem Teller in den Kühlschrank stellen.

Handwerkszeug

Die Küchen-Basics

Zum Kochen benötigt man Lebensmittel, Spaß, Zeit und das richtige Handwerkszeug. Das gehört in die Grundausstattung jeder Küche:

Kochgeschirr:
Bratentopf bzw. Bräter mit Deckel, je 1 kleine und große möglichst beschichtete Pfanne plus Deckel, 3–4 Töpfe mit passenden Deckeln (z. B. kleiner und großer Kochtopf, großer flacher Topf, Stieltopf) und 1–2 Auflaufformen in unterschiedlichen Größen.

Küchengeräte:
Mixer (mit Knethaken und Rührstäben), Pürierstab und Küchenwaage.

Kleine Helfer:
Backpinsel, Flaschenöffner, Geschirrtücher, Haushaltsschere, Küchenrost (Küchengitter), luftdicht verschließbare Gefäße zum Aufbewahren, Kurzzeitwecker, Messbecher, Muskatreibe, Pfannenwender, Rührlöffel, Rührschüssel und -becher, Salatbesteck, Salz- und Pfefferstreuer, Schneebesen (möglichst klein und groß), Schöpfkelle, Teigschaber, Topflappen, Wetzstahl, Zitronenpresse.

Ohne sie geht nichts:
Besteck, Gläser, Schüssel-Set, Tassen (Becher) und Teller.

Messer:
Jeweils 1 Brotmesser, Fleischmesser, kleines und langes Gemüse- bzw. Kochmesser, Schälmesser und/oder Spargelschäler.

Kleine Messerkunde

Gute Messer sind scharf, sollten nur entsprechend ihres Verwendungszwecks benutzt werden und liegen gut in der Hand. Messergriffe aus hitzebeständigem Material sind optimal.

- Schlecht sind Messer, bei denen der Griff nicht fugenlos in die Klinge übergeht (Platz für Bakterien). Achten Sie möglichst auf stabile, rostfreie Ausführungen, bei denen die „Angel" – die spitz zulaufende Verlängerung der Klinge – tief im Griff steckt und mit Nieten fest verbunden ist.
- Gute Messer müssen sorgfältig gepflegt werden: Regelmäßig mit Wetzstahl oder elektrischen Messerschärfern selbst schleifen oder im Fachhandel schärfen lassen.
- Messer von Hand spülen – das Maschinen-Geschirrspülmittel greift die Schneide an.
- Messer werden schneller stumpf auf Schneidebrettern aus Glas oder Granit, weil diese härter als der Stahl sind.

So gehen sie richtig mit Messern um

- Nicht zum Körper hin arbeiten.
- Nicht nach fallenden Messern greifen.
- Nicht mit einem Messer in der Hand herumlaufen.
- Nicht das Messer mit der Schneide nach oben legen.
- Der Messergriff muss fest, sicher und angenehm in der Hand liegen.
- Hände und Messergriff müssen stets trocken sein, damit man nicht abrutscht.
- Lebensmittel stets beim Schneiden gut festhalten.
- Messer regelmäßig schärfen, das verringert die Verletzungsgefahr.

Genau messen und wiegen

Rezepte können nur dann gelingen, wenn man sich an die Zutatenliste mit den angegebenen Zutatenmengen hält. Ein Messbecher ist praktisch für Literangaben bei Flüssigkeiten, und das absolute „Must-have" ist natürlich eine Küchenwaage, die Mengen von 5 Gramm bis zu 1 oder 2 Kilogramm anzeigt. Für kleine Mengen unter 20–30 Gramm haben sich Tee- und Esslöffelangaben bewährt. Hier können die Gramm-Angaben aber etwas schwanken, da Größe und Fassungsvermögen der Löffel unterschiedlich sind: das gilt ebenso für Gläser- und Tassenangaben. Deshalb im Zweifelsfall besser nachwiegen!

Bewährt haben sich folgende Richtwerte:

- 1 Teelöffel (TL) Flüssigkeit = 5 ml (Milliliter)
- 1 Esslöffel (EL) Flüssigkeit = 10–15 ml
- 8 Esslöffel (EL) Flüssigkeit = 100–125 ml = 1 Normaltasse (z. T. randvoll)

Für Zutaten in fester oder gemahlener Konsistenz gibt es keine verbindlichen Gramm-Angaben, da jede Zutat ein unterschiedliches Eigengewicht hat. Beispielsweise wiegt 1 gestrichener (gestr.) EL Tomatenmark 12 g, dagegen wiegt 1 gestr. EL Semmelbrösel 6 g.

Auf die richtige Prise kommt es an

Bei vielen Kräutern und Gewürzen reichen schon kleine Mengen, um den Gerichten ein fein würziges Aroma zu verleihen. Die folgende Übersicht zeigt die üblichen Mengeneinheiten bei Rezepten:

- 1 Prise passt zwischen Daumen und Zeigefinger.
- 1 Msp. (Messerspitze) geht genau auf die Spitze eines Messers.
- 1 gestr. (gestrichener) TL oder EL ist die Menge, die auf Tee- oder Esslöffel (mit einem Messerrücken) glatt gestrichen passt.
- 1 geh. (gehäufter) TL oder EL geht maximal auf einen Tee- oder Esslöffel.

WOCHE 1

MONTAG

Hähnchenbrustfilets mit Bulgur und Kürbis

DIENSTAG

Wraps mit Grillgemüse und Hähnchen

MITTWOCH

Minestrone

DONNERSTAG

Halloumi-Burger

FREITAG

Pasta mit Cocktailtomaten und Pesto

MO

DI

MI

DO

FR

Einkaufsliste Woche 1

Obst, Gemüse, Kräuter:

1,4 kg Hokkaido-Kürbis
125 g Rucola (Rauke)
3 Knoblauchzehen
2 rote Paprikaschoten
1 Zucchini
2 Auberginen
1 Salatgurke
1 Bio-Zitrone (unbehandelt, ungewachst)
1 Zwiebel
420 g Möhren
2 Stängel Thymian
2 Stängel Minze
125 g Babyspinat
1 große Tomate
500 g Cocktailtomaten

Frische Produkte (Kühltheke):

6 Hähnchenbrustfilets (jeweils etwa 130 g)
200 g Schmand
225 g Halloumi
300 g Mini-Mozzarella-Kugeln

Tiefkühlprodukte:

200 g TK-Bohnen
200 g TK-Erbsen

Ungekühlte Lebensmittel:

85 g Mandeln
200 g Bulgur
6–8 Weizenvollkorn-Tortilla-Fladen
400 ml passierte Tomaten (aus dem Tetra Pak®)
150 g Suppennudeln
1 EL Semmelbrösel
1 EL Weizenmehl
4 Burgerbrötchen
400 g Nudeln, z. B. Spirelli-Nudeln
1 Ei (Größe M)

Gewürze:

3 TL Currypulver
3 TL Paprikapulver edelsüß
1/2 TL Chilipulver
2 TL Instant-Gemüsebrühe
4 TL fruchtige Grillsauce
4 TL Mayonnaise

Zusätzlich:

4 Schaschlikspieße

Vorbereitung am Sonntag Woche 1

Für die **Hähnchenbrustfilets mit Bulgur und Kürbis** den Backofen vorheizen.
Ober-/Unterhitze: etwa 250 °C
Heißluft: nicht empfehlenswert
Kürbis abspülen, abtropfen lassen, halbieren, entkernen und in 1 cm große Würfel schneiden.

Die Kürbiswürfel mit 3 Esslöffeln Olivenöl, Salz und Pfeffer würzen und auf einem tiefen Backblech verteilen.

6 Hähnchenbrustfilets mit Küchenpapier abtupfen, mit 1 ½ Esslöffeln Olivenöl einreiben und auf einen Teller legen. In einer kleinen Schale Currypulver, Paprikapulver edelsüß, 3 Teelöffel Salz sowie 3 Teelöffel Zucker mischen. Die Hähnchenbrustfilets darin wenden und auf die Kürbiswürfel legen.
Das Backblech in den vorgeheizten Backofen schieben. Das Hähnchenbrustfilet und die Kürbiswürfel etwa 18 Minuten backen, die Hähnchenbrustfilets dabei nach etwa 10 Minuten wenden. Das Backblech aus dem Backofen nehmen, die Hähnchenbrustfilets auf einen Teller legen, sofort mit einem Deckel oder Alufolie abdecken und etwa 10 Minuten ruhen lassen. Zusammen mit dem Kürbis vollständig abkühlen lassen und luftdicht verschlossen im Kühlschrank lagern.

Für die **Minestrone** 1 Knoblauchzehe und 1 Zwiebel abziehen, Knoblauch durch eine Knoblauchpresse drücken, Zwiebel halbieren und fein würfeln. 300 g Möhren putzen, schälen, abspülen, abtropfen

lassen und in ½ cm dicke Scheiben schneiden.
In einem großen Topf 1 Esslöffel Speiseöl erhitzen und die Zwiebeln und den Knoblauch darin etwa 3 Minuten anbraten, die Möhren hinzugeben und weitere etwa 2 Minuten braten. Mit 2 Teelöffeln Instant-Gemüsebrühe sowie 300 ml Wasser ablöschen und einmal aufkochen. Dann bei kleiner Hitze und geschlossenem Deckel etwa 10 Minuten garen.
Den Minestroneansatz heiß in ein Schraubglas füllen, sofort verschließen, vollständig auskühlen lassen und im Kühlschrank oder einem anderen kühlen Ort, z. B. Keller, aufbewahren.

Für die **Wraps mit Grillgemüse** Paprikaschoten halbieren, entstielen, entkernen und die weißen Scheidewände entfernen. Schoten abspülen, abtropfen lassen und 2 cm groß würfeln. Zucchini und Auberginen abspülen, abtropfen lassen, die Enden abschneiden und Zucchini und Auberginen in 1 cm dicke Scheiben schneiden. Das Gemüse mit Chilipulver, 2 Teelöffeln Salz und 3 Esslöffeln Olivenöl mischen und auf einem großen Backblech verteilen.

Sobald der Backofen wieder frei ist, diesen auf 180 °C Ober-/Unterhitze herunterschalten und das Gemüse darin etwa 25 Minuten backen. Danach das Gemüse in eine große Dose mit Deckel füllen, komplett auskühlen lassen und im Kühlschrank verstauen.

Für die **Halloumi-Burger** Halloumi grob reiben. 120 g Möhren putzen, schälen, abspülen, abtropfen lassen und ebenfalls grob reiben. Die Minze abspülen, trocken tupfen, die Blättchen von den Stängeln zupfen und fein hacken. Den Halloumi mit den Möhren, der Minze, dem Ei, den Semmelbröseln und dem Mehl in einer Rührschüssel mischen und mit ½ Teelöffel Salz sowie Pfeffer würzen.

3 Esslöffel Speiseöl in einer großen Pfanne erhitzen. Mit leicht feuchten Händen 4 große Burger-Patties aus der Halloumi-Masse formen, diese dabei gut zusammendrücken. Die Patties vorsichtig in die Pfanne legen und von jeder Seite etwa 5 Minuten bei mittlerer Hitze braten. Dabei die Patties nicht in der Pfanne hin- und herschieben und nur einmal wenden. Die Patties auf einem Teller mit Küchenpapier abtropfen lassen und gut abkühlen lassen. In einer luftdicht verschlossenen Dose im Kühlschrank aufbewahren.

Für die **Pasta mit Cocktailtomaten und Pesto** 125 g Rucola verlesen, abspülen und tropfnass in einen hohen Rührbecher oder Blitzhacker geben. 1 Knoblauchzehe abziehen, grob hacken, mit 85 g Mandeln und 9 Esslöffeln Olivenöl zum Rucola geben und fein pürieren.

Bei Bedarf 50 ml Wasser hinzugeben. Das Pesto mit Salz und Pfeffer abschmecken.

⅓ des Pestos für das **Hähnchenbrustfilets mit Bulgur und Kürbis** in ein kleines sauberes Schraubglas füllen, dabei das Pesto mit dem Löffel nach unten schieben, sodass keine Hohlräume entstehen. Das Pesto mit Olivenöl bedecken. Das Glas gut verschließen.

Das restliche Pesto für die **Pasta mit Cocktailtomaten und Pesto** auf die gleiche Weise abfüllen.

Letzte Schritte Montag bis Freitag

Am Montag: Durchführung der Schritte 7–9 zur Fertigstellung des Gerichts „Hähnchenbrustfilets mit Bulgur und Kürbis“ (s. Seite 20).

Am Dienstag: Durchführung der Schritte 6–11 zur Fertigstellung des Gerichts „Wraps mit Grillgemüse und Hähnchen“ (s. Seite 22).

Am Mittwoch: Durchführung der Schritte 3–4 zur Fertigstellung des Gerichts „Minestrone“ (s. Seite 24).

Am Donnerstag: Durchführung der Schritte 3–5 zur Fertigstellung des Gerichts „Halloumi-Burger“ (s. Seite 26).

Am Freitag: Durchführung der Schritte 2–5 zur Fertigstellung des Gerichts „Pasta mit Cocktailtomaten und Pesto“ (s. Seite 28).

Hähnchenbrustfilets mit Bulgur und Kürbis

Garzeit am Montag: etwa 15 Minuten

Zutaten für 4 Portionen

Zutaten für die Vorbereitung am Sonntag:
1,4 kg Hokkaido-Kürbis
7 EL Olivenöl
Salz
gem. schwarzer Pfeffer
4 Hähnchenbrustfilets (jeweils etwa 130 g)
2 TL Currypulver
2 TL Paprikapulver edelsüß
2 TL Zucker
45 g Rucola
1/2 Knoblauchzehe
25 g Mandeln

Zutaten für die Fertigstellung am Montag:
200 g Bulgur

Pro Portion:
E: 41 g, F: 24 g, Kh: 68 g, kcal: 672

Vorbereitung am Sonntag

(siehe S. 17, 18)

1. Den Backofen vorheizen.
Ober-/Unterhitze: etwa 250 °C
Heißluft: nicht empfehlenswert

2. Den Kürbis abspülen, abtropfen lassen, halbieren, entkernen und in 1 cm große Würfel schneiden. Die Kürbiswürfel mit 3 Esslöffeln Olivenöl, Salz und Pfeffer würzen und auf einem tiefen Backblech verteilen.

3. Hähnchenbrustfilets mit Küchenpapier abtupfen, mit 1 Esslöffel Olivenöl einreiben und auf einen Teller legen. In einer kleinen Schale Currypulver, edelsüßes Paprikapulver, Salz sowie Zucker mischen. Die Hähnchenbrustfilets darin wenden und auf die Kürbiswürfel legen.

4. Das Backblech in den vorgeheizten Backofen schieben. Hähnchenbrustfilets und Kürbiswürfel etwa 18 Minuten backen. Die Hähnchenbrustfilets dabei nach 10 Minuten wenden.

5. Nach Ende der Backzeit das Backblech aus dem Backofen nehmen, die Hähnchenbrustfilets auf einen Teller legen, sofort mit einem Deckel oder Alufolie abdecken und etwa 10 Minuten ruhen lassen.

6. Rucola verlesen, abspülen und tropfnass in einen hohen Rührbecher oder Blitzhacker geben. Knoblauch abziehen, hacken, mit Mandeln und 3 Esslöffeln Olivenöl zum Rucola geben und fein pürieren. Bei Bedarf 20 ml Wasser hinzugeben. Mit Salz und Pfeffer abschmecken.

Fertigstellung am Montag

7. Den Backofen vorheizen.
Ober-/Unterhitze: etwa 250 °C
Heißluft: nicht empfehlenswert

8. Den Kürbis wieder auf einem Backblech oder in einer großen Auflaufform verteilen und im Ofen erwärmen. (Wenn Sie das Gericht außerhalb der Reihe und nicht als Meal Prep zubereiten, können Sie die Schritte 7–8 bis hierhin überspringen.) Hähnchenbrustfilets schräg in 1 cm dicke Scheiben schneiden. Den Kürbis etwa 15 Minuten garen. 5 Minuten vor Garzeitende die Hähnchenstreifen hinzugeben.

9. Inzwischen den Bulgur mit 350 ml Wasser in einem kleinen Topf einmal aufkochen, dann bei kleinster Hitze etwa 8 Minuten quellen lassen. Bulgur mit Kürbis und Hähnchen anrichten und mit Pesto garniert servieren.

Wraps mit Grillgemüse und Hähnchen

Garzeit am Dienstag:
etwa 12 Minuten

Zutaten für 4 Portionen

Zutaten für die Vorbereitung am Sonntag:

2 Hähnchenbrustfilets (jeweils etwa 130 g)
3 1/2 EL Olivenöl
1 TL Currypulver
1 TL Paprikapulver edelsüß
Salz
1 TL Zucker
2 rote Paprikaschoten
1 Zucchini
2 Auberginen
1/2 TL Chilipulver
gem. schwarzer Pfeffer

Zutaten für die Fertigstellung am Dienstag:

2/3 Salatgurke
2 EL Olivenöl
1 EL Essig
200 g Schmand (Sauerrahm)
1 Bio-Zitrone (unbehandelt, ungewachst)
1 Knoblauchzehe
6–8 Weizenvollkorn-Tortilla-Fladen

Pro Portion:
E: 26 g, F: 31 g, Kh: 54 g, kcal: 613

Vorbereitung am Sonntag

(siehe S. 18)

1. Den Backofen vorheizen.
Ober-/Unterhitze: etwa 250 °C
Heißluft: nicht empfehlenswert

2. Hähnchenbrustfilets mit Küchenpapier abtupfen, mit ½ Esslöffel Olivenöl einreiben und auf einen Teller legen. In einer kleinen Schale Currypulver, Paprikapulver, Salz sowie Zucker mischen. Die Hähnchenbrustfilets darin wenden und in einer kleinen Auflaufform in den vorgeheizten Backofen schieben. Das Hähnchenbrustfilet etwa 18 Minuten backen, dabei nach etwa 10 Minuten wenden.

3. Das Backblech aus dem Backofen nehmen. Die Hähnchenbrustfilets auf einen Teller legen, sofort mit einem Deckel oder Alufolie abdecken und etwa 10 Minuten ruhen lassen.

4. Paprikaschoten halbieren, entstielen, entkernen und die weißen Scheidewände entfernen. Schoten abspülen, abtropfen lassen und 2 cm groß würfeln. Zucchini und Auberginen abspülen, abtropfen lassen, die Enden abschneiden und Zucchini und Auberginen in 1 cm dicke Scheiben schneiden.

5. Das Gemüse mit Chilipulver, Salz, Pfeffer und 3 Esslöffeln Olivenöl mischen und auf einem großen Backblech verteilen. Den Backofen auf etwa 180 °C Ober-/Unterhitze herunterschalten. Das Backblech in den vorgeheizten Backofen schieben und das Gemüse etwa 25 Minuten backen.

Fertigstellung am Dienstag

6. Den Backofen vorheizen.
Ober-/Unterhitze: etwa 180 °C
Heißluft: nicht empfehlenswert

7. Das Gemüse in einer Auflaufform (gefettet) ausbreiten, die Form in den vorgeheizten Backofen schieben und das Gemüse etwa 12 Minuten erwärmen.
(Wenn Sie das Gericht außerhalb der Reihe und nicht als Meal Prep zubereiten, können Sie die Schritte 6–7 überspringen.)

8. Inzwischen Gurke abspülen, abtropfen lassen, längs vierteln und in ½ cm dicke Scheiben schneiden. Gurke mit Olivenöl, Essig, Salz und Pfeffer würzen und beiseitestellen.

9. Den Schmand in einer kleinen Schale glatt rühren. Die Zitrone heiß abwaschen, abtrocknen, die Schale

fein abreiben und 2 Esslöffel Saft auspressen. Den Knoblauch abziehen und mit einer Knoblauchpresse in den Schmand pressen. Zitronensaft sowie -schale hinzugeben und den Schmand mit Salz abschmecken.

10. Die Hähnchenbrustfilets in ½ cm dicke Scheiben schneiden. Die Tortilla-Fladen auf ein Backofenrost legen und etwa 1 Minute zusammen mit dem Gemüse im Backofen erhitzen.

11. Je 1 Esslöffel Zitronen-Schmand mittig auf einem Tortilla-Fladen verstreichen, etwas Ofengemüse sowie einige Streifen Hähnchenbrust darauf verteilen. Die rechte und die linke Seite etwa 5 cm nach innen über der Füllung einschlagen, dann den Fladen von unten nach oben fest einrollen. Den fertigen Wrap diagonal halbieren. Mit den weiteren Tortilla-Fladen genauso vorgehen und die Wraps mit Grillgemüse mit Gurkensalat servieren.

Minestrone

Garzeit am Mittwoch:
etwa 12 Minuten

Vegetarisch

Zutaten für 4 Portionen

Zutaten für die Vorbereitung am Sonntag:
1 Knoblauchzehe
1 Zwiebel
300 g Möhren
1 EL Speiseöl
2 TL Instant-Gemüsebrühe

Zutaten für die Fertigstellung am Mittwoch:
2 Stängel Thymian
200 g TK-Bohnen
200 g TK-Erbsen
400 ml passierte Tomaten (aus dem Tetra Pak®)
900 ml kochendes Wasser
150 g Suppennudeln
Salz
gem. schwarzer Pfeffer

Pro Portion:
E: 11 g, F: 3 g, Kh: 42 g, kcal: 265

Vorbereitung am Sonntag

(siehe S. 17)

1. Knoblauchzehe und Zwiebel abziehen. Knoblauch durch eine Knoblauchpresse drücken, Zwiebel halbieren und fein würfeln. Möhren putzen, schälen, abspülen, abtropfen lassen und in ½ cm dicke Scheiben schneiden.

2. In einem großen Topf Speiseöl erhitzen und die Zwiebeln und den Knoblauch darin etwa 3 Minuten anbraten, die Möhren hinzugeben und weitere 2 Minuten braten. Mit Instant-Gemüsebrühe sowie 300 ml Wasser ablöschen und einmal aufkochen. Dann bei kleiner Hitze und geschlossenem Deckel etwa 10 Minuten garen.

Fertigstellung am Mittwoch

3. Die vorbereitete Minestrone in einen großen Topf füllen und auf hoher Stufe erhitzen. Den Thymian abspülen, abtropfen lassen, TK-Bohnen, TK-Erbsen, passierte Tomaten, Suppennudeln und 900 ml kochendes Wasser hinzugeben und einmal aufkochen. Dann die Hitze reduzieren und etwa 12 Minuten köcheln lassen, bis die Nudeln gar sind.

4. Die Minestrone mit Salz und Pfeffer abschmecken, Thymian entfernen und die Minestrone servieren.

Halloumi-Burger

Garzeit am Donnerstag: 6–8 Minuten

Vegetarisch

Zutaten für 4 Portionen

Zutaten für die Vorbereitung am Sonntag:
225 g Halloumi
120 g Möhren
2 Stängel Minze
1 Ei (Größe M)
1 EL Semmelbrösel
1 EL Weizenmehl
Salz
gem. schwarzer Pfeffer
3 EL Speiseöl

Zutaten für die Fertigstellung am Donnerstag:
25 g Babyspinat
4 Burgerbrötchen
1 große Tomate
1/3 Salatgurke
1 TL Speiseöl
4 TL Mayonnaise
4 TL fruchtige Grillsauce oder Ketchup
4 Schaschlikspieße

Pro Portion:
E: 20 g, F: 29 g, Kh: 33 g, kcal: 481

Vorbereitung am Sonntag

(siehe S. 18)

1. Halloumi grob reiben. Möhren putzen, schälen, abspülen, abtropfen lassen und ebenfalls grob reiben. Die Minze abspülen, trocken tupfen, die Blättchen von den Stängeln zupfen und fein hacken. Halloumi mit Möhren, Minze, Ei, Semmelbröseln und Mehl in einer Rührschüssel mischen. Die Masse mit Salz und Pfeffer würzen.

2. Speiseöl in einer großen Pfanne erhitzen. Mit leicht feuchten Händen 4 große Burger-Patties aus der Halloumi-Masse formen, diese dabei gut zusammendrücken. Die Patties vorsichtig in die Pfanne legen und von jeder Seite etwa 5 Minuten bei mittlerer Hitze braten. Dabei die Patties nicht in der Pfanne hin- und herschieben und nur einmal wenden. Die Patties auf einem Teller mit Küchenpapier abtropfen lassen.

Fertigstellung am Donnerstag

3. Babyspinat verlesen, abspülen, abtropfen lassen oder trocken schleudern. Die Burgerbrötchen halbieren und auftoasten. Die Tomate abspülen, abtropfen lassen, den Stängelansatz herausschneiden und in 8 dünne Scheiben schneiden. Die Gurke abspülen, abtropfen lassen und ebenfalls in dünne Scheibchen schneiden.

4. In einer beschichteten Pfanne Speiseöl erhitzen. Die Halloumi-Patties darin 3–4 Minuten pro Seite bei mittlerer Hitze erhitzen.

5. Die Unterseiten der Burgerbrötchen mit je 1 Teelöffel Mayonnaise bestreichen. Die Oberseiten der Burgerbrötchen mit je 1 Teelöffel der fruchtigen Grillsauce bestreichen. Den Babyspinat auf den Unterseiten verteilen, den Halloumi-Pattie daraufsetzen, mit 2 Tomaten- sowie Gurkenscheiben belegen und den Burger zusammensetzen. Den Burger mit einem Schaschlikspieß fixieren und servieren.

Pasta mit Cocktailtomaten und Pesto

Bratzeit am Freitag: etwa 4 Minuten

Vegetarisch

Zutaten für 4 Portionen

Zutaten für die Vorbereitung am Sonntag:
80 g Rucola (Rauke)
1/2 Knoblauchzehe
60 g Mandeln
6 EL Olivenöl
Salz
gem. schwarzer Pfeffer

Zutaten für die Fertigstellung am Freitag:
400 g Nudeln, z. B. Spirelli-Nudeln
500 g Cocktailtomaten
100 g Babyspinat
300 g Mini-Mozzarella-Kugeln
1 EL Speiseöl

Pro Portion:
E: 31 g, F: 43 g, Kh: 76 g, kcal: 830

Vorbereitung am Sonntag
(siehe S. 18)

1. Rucola verlesen, abspülen und tropfnass in einen hohen Rührbecher oder Blitzhacker geben. Knoblauchzehe abziehen, grob hacken, mit Mandeln und Olivenöl zum Rucola geben und fein pürieren. Bei Bedarf 30 ml Wasser hinzugeben. Das Pesto mit Salz und Pfeffer abschmecken.

Fertigstellung am Freitag

2. Wasser in einem großen Topf zugedeckt zum Kochen bringen. Dann Salz und Nudeln zugeben. Die Nudeln im geöffneten Topf bei mittlerer Hitze nach Packungsanleitung bissfest kochen.

3. Inzwischen die Tomaten abspülen, abtrocknen und halbieren. Den Spinat verlesen, abspülen, abtropfen lassen oder trocken schleudern und zur Seite stellen. Die Mozzarella-Kugeln in ein Sieb abgießen.

4. In einer großen Pfanne Speiseöl erhitzen und die Tomaten darin etwa 4 Minuten anbraten. Die Mozzarella-Kugeln und den Babyspinat hinzugeben und mischen, bis der Spinat zusammenfällt.

5. Die gegarten Nudeln in ein Sieb geben, mit heißem Wasser abspülen und tropfnass zurück in den Topf geben. Die Tomaten-Spinat-Mischung zusammen mit dem Pesto in den Topf geben und alles vermischen. Die Pasta mit Salz und Pfeffer abschmecken und servieren.

WOCHE 2

MONTAG

Schnitzel mit jungen Kartoffeln und Kräutersauce

DIENSTAG

Eintopf mit Bohnen, Kartoffeln und Parmesan

MITTWOCH

Couscous-Salat mit Kichererbsen und Ei

DONNERSTAG

Kartoffel-Blumenkohl-Curry mit Naan-Brot

FREITAG

Schupfnudeln mit Tomaten-Bohnen-Sauce

MO

DI

MI

DO

FR

Einkaufsliste Woche 2

Obst, Gemüse, Kräuter:

1,8 kg junge, festkochende Kartoffeln (Drillinge)
2 Frühlingszwiebeln
3 Zwiebeln
4 Knoblauchzehen
200 g Knollensellerie
200 g Möhren
150 g bunte Cocktailtomaten
1 kleine Salatgurke
1/2 Zitrone
1 Bio-Limette (unbehandelt, ungewachst)
1 Kopf Blumenkohl (etwa 400 g)
1 Stück Ingwer (etwa 2 cm)
1 kleines Bund Bohnenkraut oder Thymian
1 kleines Bund glatte Petersilie
10 Stängel Dill
evtl. 10 Stängel Koriander

Frische Produkte (Kühltheke):

200 g saure Sahne
200 g Naturjoghurt (3,5 % Fett)
60 g Parmesan
80 g Fetakäse
300 g Sojajoghurt Natur, ungesüßt
750 g Schupfnudeln
4 dünne Schnitzel (etwa 400 g)
2 EL Butterschmalz

Ungekühlte Lebensmittel:

5 Eier (Größe M)
6 EL Semmelbrösel
6 EL Weizenmehl
150 g Couscous
800 ml passierte Tomaten (aus dem Tetra Pak®)
400 g weiße Bohnen (aus der Dose)
300 g abgetropfte Kidneybohnen (aus der Dose)
200 g Kichererbsen (aus der Dose)
100 g abgetropfte, getrocknete, eingelegte Tomaten in Öl (aus dem Glas)
50 g Pinienkerne
400 g ungesüßte Kokosmilch (aus der Dose)
4 Naan-Brote (alternativ Pita-Taschen)

Gewürze:

4 TL Instant-Gemüsebrühe
4 TL Crema di Balsamico
3 EL Currypulver (mild)
1/2 TL gem. Koriander
1 TL flüssiger Honig

Vorbereitung am Sonntag Woche 2

Für die **Schnitzel mit jungen Kartoffeln und Kräutersauce,** den **Eintopf mit Bohnen, Kartoffeln und Parmesan** und das **Kartoffel-Blumenkohl-Curry mit Naan-Brot** Kartoffeln kochen. Hierfür Kartoffeln gründlich

abspülen, abtropfen lassen und in einem großen Topf knapp mit Wasser bedeckt zugedeckt zum Kochen bringen und etwa 15 Minuten bei mittlerer Hitze garen. Kartoffeln abgießen, erkalten lassen und zugedeckt im Kühlschrank aufbewahren.

Für das **Kartoffel-Blumenkohl-Curry mit Naan-Brot** Ingwer schälen und fein hacken. Zwiebeln und Knoblauchzehen abziehen. Zwiebeln fein hacken, Knoblauch durch die Knoblauchpresse drücken. Für das Kartoffelcurry 1 gehackte Zwiebel und 2 Knoblauchzehen mit dem Ingwer in ein Gefäß geben, verschließen und im Kühlschrank aufbewahren.

Für den **Eintopf mit Bohnen** und die **Schupfnudeln mit Tomaten-Bohnen-Sauce** zwei Portionen Bolognese vorbereiten. Hierfür 4 Teelöffel Instant-Gemüsebrühe in 1 Liter kochendem Wasser auflösen. Sellerie und Möhren putzen, schälen, abspülen, abtropfen lassen und klein würfeln. Bohnenkraut oder Thymian abspülen, trocken tupfen und die Blättchen von den Stängeln zupfen. 2 Esslöffel Olivenöl in einem Topf erhitzen. Die vorbereiteten restlichen Zwiebeln sowie den Knoblauch 1–2 Minuten darin bei mittlerer Hitze glasig dünsten. Möhren- und Selleriewürfel hinzugeben und 2–3 Minuten mitdünsten. Mit der Brühe ablöschen, passierte Tomaten sowie Bohnenkraut oder Thymian, 1 Teelöffel Salz, ⅓ Teelöffel gemahlenen Pfeffer und 1 Teelöffel Zucker hinzugeben und zum Kochen bringen. Die Bolognese bei mittlerer Hitze ohne Deckel etwa 30 Minuten köcheln lassen.

Die Bolognese-Grundmasse heiß in 2 vorbereitete sterilisierte Einmachgläser (etwa 800 ml) füllen und sofort verschließen. Die Bolognese vollständig erkalten lassen und im Kühlschrank oder an einem anderen kühlen Ort, z. B. im Keller, aufbewahren.

Für den **Couscous-Salat mit Kichererbsen und Ei** 3 Eier in etwa 8 Minuten hart kochen. Dann die

Eier abgießen, erkalten lassen und im Kühlschrank aufbewahren.

Für den **Couscous-Salat mit Kichererbsen und Ei** und die **Schnitzel mit jungen Kartoffeln und Kräutersauce** Petersilie abspülen, trocken tupfen und die Blättchen von den Stängeln zupfen. Blättchen klein schneiden. Die Hälfte der Petersilie in ein Gefäß füllen und zugedeckt im Kühlschrank aufbewahren für den Couscous-Salat.

Für die **Schnitzel mit jungen Kartoffeln und Kräutersauce** die restliche Petersilie in eine Schüssel geben. Dill abspülen, trocken tupfen und die Spitzen von den Stängeln zupfen. Spitzen klein schneiden. Frühlingszwiebeln putzen, abspülen, abtropfen lassen und in feine Ringe schneiden. Dill und Frühlingszwiebelringe zur Petersilie in die Schüssel geben, mit saurer Sahne und Joghurt verrühren. Die Kräutersauce zugedeckt in den Kühlschrank stellen.

Für den **Couscous-Salat mit Kichererbsen und Ei** Pinienkerne in einer Pfanne ohne Fett bei mittlerer Hitze unter gelegentlichem Wenden goldbraun rösten, herausnehmen, in einen Teller geben und beiseitestellen. Cocktailtomaten abspülen, trocken tupfen, halbieren und die Stängelansätze entfernen. Tomatenhälften zugedeckt in den Kühlschrank stellen. Salatgurke abspülen, trocken tupfen, halbieren, entker-

nen, in feine Scheiben schneiden und zugedeckt in den Kühlschrank stellen.

Für das **Kartoffel-Blumenkohl-Curry mit Naan-Brot** Blumenkohl putzen, abspülen, abtropfen lassen und in kleine Röschen teilen, dabei den Strunk entfernen. Blumenkohlröschen in eine Schüssel füllen und im Kühlschrank aufbewahren.

Für den **Couscous-Salat mit Kichererbsen und Ei** Couscous in eine Schüssel füllen, mit 300 ml kochendem Wasser übergießen und zugedeckt quellen lassen. Eingelegte Tomaten klein schneiden, zum Couscous geben, abkühlen lassen und zugedeckt in den Kühlschrank stellen.

Für die **Schnitzel mit jungen Kartoffeln und Kräutersauce** Semmelbrösel und Mehl getrennt in je einen großen Teller geben und beiseitestellen.

Letzte Schritte Montag bis Freitag

Am Montag: Durchführung der Schritte 4–6 zur Fertigstellung des Gerichts „Schnitzel mit jungen Kartoffeln und Kräutersauce" (s. Seite 36).

Am Dienstag: Durchführung des Schritts 4 zur Fertigstellung des Gerichts „Eintopf mit Bohnen, Kartoffeln und Parmesan" (s. Seite 38).

Am Mittwoch: Durchführung der Schritte 7–8 zur Fertigstellung des Gerichts „Cosucous-Salat mit Kichererbsen und Ei" (s. Seite 40).

Am Donnerstag: Durchführung der Schritte 4–5 zur Fertigstellung des Gerichts „Kartoffel-Blumenkohl-Curry mit Naan-Brot" (s. Seite 42).

Am Freitag: Durchführung der Schritte 4–5 zur Fertigstellung des Gerichts „Schupfnudeln mit Tomaten-Bohnen-Sauce" (s. Seite 44).

Schnitzel mit jungen Kartoffeln und Kräutersauce

Bratzeit am Montag: etwa 20 Minuten

Zutaten für 4 Portionen

Zutaten für die Vorbereitung am Sonntag:

800 g junge, kleine, festkochende Kartoffeln (Drillinge)
½ kleines Bund Petersilie
10 Stängel Dill
2 Frühlingszwiebeln
200 g saure Sahne
200 g Naturjoghurt (3,5 % Fett)
6 EL Semmelbrösel
6 EL Weizenmehl

Zutaten für die Fertigstellung am Montag:

2 EL Butterschmalz
2 Eier (Größe M)
4 dünne Schnitzel (etwa 400 g)
Salz
gem. Pfeffer

Pro Portion:

E: 45 g, F: 37 g, Kh: 47 g, kcal: 705

Vorbereitung am Sonntag

(siehe S. 33–35)

1. Kartoffeln gründlich abspülen, abtropfen lassen und in einem großen Topf knapp mit Wasser bedeckt zugedeckt zum Kochen bringen und etwa 15 Minuten bei mittlerer Hitze garen. Kartoffeln abgießen, erkalten lassen.

2. Petersilie abspülen, trocken tupfen und die Blättchen von den Stängeln zupfen. Blättchen klein schneiden. Dill abspülen, trocken tupfen und die Spitzen von den Stängeln zupfen. Spitzen klein schneiden. Frühlingszwiebeln putzen, abspülen, abtropfen lassen und in feine Ringe schneiden. Dill und Frühlingszwiebelringe zur Petersilie in die Schüssel geben, mit saurer Sahne und Joghurt verrühren.

3. Für die Schnitzel Semmelbrösel und Mehl getrennt in je einen großen Teller geben.

Fertigstellung am Montag

4. Einen Esslöffel Butterschmalz in einer Pfanne erhitzen. Kartoffeln halbieren, mit der Schnittfläche nach unten nebeneinander in die Pfanne setzen und etwa 15 Minuten braten, nach etwa 10 Minuten wenden.

5. Die Eier in einem tiefen Teller verschlagen. Die Schnitzel mit Küchenpapier abtupfen und flach klopfen. Mit 1 Teelöffel Salz und etwas Pfeffer von beiden Seiten würzen. Die Schnitzel zuerst in Mehl wenden, dann durch die verschlagenen Eier ziehen, am Tellerrand abstreifen und zuletzt in den Semmelbröseln wenden. Panade leicht andrücken.

6. In einer zweiten großen, beschichteten Pfanne restliches Butterschmalz erhitzen. Die Schnitzel darin bei mittlerer Hitze von jeder Seite in 2–3 Minuten goldbraun braten. Die Schnitzel herausheben und auf Küchenpapier abtropfen lassen. Die Kräutersauce mit ½ Teelöffel Salz und 6 Prisen Pfeffer verrühren, mit den gebratenen Kartoffeln und Schnitzeln servieren.

Eintopf mit Bohnen, Kartoffeln und Parmesan

Garzeit am Dienstag:
etwa 10 Minuten

Vegetarisch

Zutaten für 4 Portionen

Zutaten für die Vorbereitung am Sonntag:
600 g junge, festkochende Kartoffeln (Drillinge)
2 TL Instant-Gemüsebrühe
500 ml kochendes Wasser
1 Zwiebel
1 Knoblauchzehe
100 g Knollensellerie
100 g Möhren
1/2 kleines Bund Bohnenkraut oder Thymian
1 EL Olivenöl
400 ml passierte Tomaten (aus der Dose)
1/2 TL Salz
1/3 TL gem. Pfeffer
1/2 TL Zucker

Zutaten für die Fertigstellung am Dienstag:
400 g weiße Bohnen (aus der Dose)
60 g Parmesan
4 TL Crema di Balsamico

Pro Portion:
E: 25 g, F: 19 g, Kh: 37 g, kcal: 428

Vorbereitung am Sonntag

(siehe S. 33)

1. Kartoffeln gründlich abspülen, abtropfen lassen und in einem großen Topf knapp mit Wasser bedeckt zugedeckt zum Kochen bringen und etwa 15 Minuten bei mittlerer Hitze garen. Kartoffeln abgießen und erkalten lassen.

2. Zwei Teelöffel Instant-Gemüsebrühe in 500 ml kochendem Wasser auflösen. Zwiebel und Knoblauch abziehen. Zwiebel fein hacken, Knoblauch durch die Knoblauchpresse drücken. Sellerie und Möhren putzen, schälen, abspülen, abtropfen lassen und klein würfeln. Bohnenkraut oder Thymian abspülen, trocken tupfen und die Blättchen von den Stängeln zupfen.

3. Olivenöl in einem Topf erhitzen. Zwiebel und Knoblauch darin 1–2 Minuten bei mittlerer Hitze glasig dünsten. Möhren- und Selleriewürfel hinzufügen und 2–3 Minuten mitdünsten. Mit Brühe ablöschen, passierte Tomaten sowie Bohnenkraut oder Thymian, Salz, gemahlenen Pfeffer und Zucker hinzugeben, zum Kochen bringen und bei mittlerer Hitze ohne Deckel etwa 30 Minuten köcheln lassen.

Fertigstellung am Dienstag

4. Bohnen in ein Sieb geben, abspülen und abtropfen lassen. Kartoffeln klein schneiden, mit den Bohnen und der vorbereiteten Tomatensauce in einem Topf zugedeckt auf höchster Stufe etwa 10 Minuten erhitzen. In der Zwischenzeit den Parmesan reiben. Die Suppe in tiefen Tellern verteilen, mit Crema di Balsamico beträufeln und mit Parmesan bestreut servieren.

Couscous-Salat mit Kichererbsen und Ei

Vegetarisch

Zutaten für 4 Portionen

Zutaten für die Vorbereitung am Sonntag:
150 g Couscous
300 ml kochendes Wasser
100 abgetropfte, getrocknete, eingelegte Tomaten in Öl
150 g bunte Cocktailtomaten
1 Salatgurke
1/2 kleines Bund Petersilie
3 Eier (Größe M)
50 g Pinienkerne

Zutaten für die Fertigstellung am Mittwoch:
200 g Kichererbsen (aus der Dose)
Salz
1/2 Zitrone
300 g Sojajoghurt Natur, ungesüßt
1 TL flüssiger Honig
1/2 TL gem. Koriander
6 Prisen gem. Pfeffer

Pro Portion:
E: 21 g, F: 26 g, Kh: 43 g, kcal: 506

Vorbereitung am Sonntag

(siehe S. 34, 35)

1. Couscous in eine Schüssel geben und mit 300 ml kochendem Wasser übergießen, zugedeckt quellen lassen. Getrocknete Tomaten klein schneiden.

2. Tomaten abspülen, trocken tupfen, halbieren und die Stängelansätze entfernen. Salatgurke abspülen, trocken tupfen, halbieren, entkernen und in feine Scheiben schneiden.

3. Petersilie abspülen, trocken tupfen und die Blättchen von den Stängeln zupfen. Blättchen klein schneiden und in den Kühlschrank stellen.

4. Couscous mit den getrockneten Tomaten vermengen.

5. Eier in etwa 8 Minuten hart kochen. Dann die Eier herausnehmen und erkalten lassen.

6. Pinienkerne in einer Pfanne ohne Fett bei mittlerer Hitze unter gelegentlichem Wenden goldbraun rösten, herausnehmen, in einen Teller geben und beiseitestellen.

Fertigstellung am Mittwoch

7. Kichererbsen in ein Sieb geben, abspülen und abtropfen lassen. Mit Tomatenhälften, Gurkenscheiben, Petersilie und ½ Teelöffel Salz zum Couscous geben und vorsichtig vermengen. Die Eier pellen und achteln.

8. Für das Dressing von der Zitronenhälfte den Saft auspressen, mit Sojajoghurt, Honig und Koriander verrühren und kräftig mit ½ Teelöffel Salz und etwas Pfeffer abschmecken. Eierspalten auf dem Couscous anrichten, mit Pinienkernen bestreuen und mit dem Dressing servieren.

Kartoffel-Blumenkohl-Curry mit Naan-Brot

Garzeit am Donnerstag:
etwa 10 Minuten

Vegetarisch

Zutaten für 4 Portionen

Zutaten für die Vorbereitung am Sonntag:
400 g junge, festkochende Kartoffeln (Drillinge)
1 Stück Ingwer (etwa 2 cm)
1 Zwiebel
2 Knoblauchzehen
1 Kopf Blumenkohl (etwa 400 g)

Zutaten für die Fertigstellung am Donnerstag:
1 EL Butterschmalz
1 1/2 TL Salz
3 EL Currypulver (mild)
400 g ungesüßte Kokosmilch (aus der Dose)
1 Bio-Limette (unbehandelt, ungewachst)
evtl. 10 Stängel Koriander
4 Naan-Brote (alternativ Pita-Taschen)

Pro Portion:
E: 18 g, F: 31 g, Kh: 57 g, kcal: 591

Vorbereitung am Sonntag
(siehe S. 33, 34)

1. Kartoffeln gründlich abspülen, abtropfen lassen und in einem großen Topf knapp mit Wasser bedeckt zugedeckt zum Kochen bringen und etwa 15 Minuten bei mittlerer Hitze garen. Kartoffeln abgießen.

2. Ingwer schälen und fein hacken. Zwiebel und Knoblauch abziehen. Zwiebel fein hacken, Knoblauch durch die Knoblauchpresse drücken. Ingwer, Zwiebel und Knoblauch in ein Gefäß geben.

3. Blumenkohl putzen, abspülen, abtropfen lassen und in kleine Röschen teilen, dabei den Strunk entfernen. Blumenkohlröschen in eine Schüssel geben.

Fertigstellung am Donnerstag

4. Butterschmalz, Ingwer, Zwiebel, Knoblauch, Blumenkohlröschen und Salz in einem Topf auf höchster Stufe 1–2 Minuten erhitzen. Dann Curry und Kokosmilch hinzugeben. Kartoffeln klein schneiden und ebenfalls hinzugeben. Blumenkohl-Curry zugedeckt etwa 10 Minuten kochen lassen.

5. In der Zwischenzeit die Limette heiß abwaschen, abtrocknen und die Schale abreiben. Limette halbieren und den Saft auspressen. Nach Belieben Koriander abspülen, trocken tupfen und die Blättchen von den Stängeln zupfen, Blättchen klein schneiden. Das Naan-Brot nach Packungsanleitung toasten oder mit etwas Speiseöl in einer Pfanne anbraten. Limettenschale und -saft unter das Curry rühren, mit Salz abschmecken, auf Tellern verteilen, nach Belieben mit Koriander bestreuen und mit dem Naan-Brot oder mit den Pita-Taschen servieren.

Schupfnudeln mit Tomaten-Bohnen-Sauce

Garzeit am Donnerstag:
etwa 10 Minuten

Vegetarisch

Zutaten für 4 Portionen

Zutaten für die Vorbereitung am Sonntag:
2 TL Instant-Gemüsebrühe
500 ml kochendes Wasser
1 Zwiebel
1 Knoblauchzehe
100 g Knollensellerie
100 g Möhren
1/2 kleines Bund Bohnenkraut oder Thymian
2 EL Olivenöl
400 ml passierte Tomaten (aus dem Tetra Pak®)
Salz
gem. Pfeffer
1/2 TL Zucker

Zutaten für die Fertigstellung am Donnerstag:
300 g abgetropfte Kidneybohnen (aus der Dose)
1 EL Rapsöl
750 g Schupfnudeln
80 g Fetakäse

Pro Portion:
E: 16 g, F: 15 g, Kh: 33 g, kcal: 350

Vorbereitung am Sonntag

(siehe S. 33)

1. Instant-Gemüsebrühe in 500 ml kochendem Wasser auflösen. Zwiebel und Knoblauch abziehen. Zwiebel fein hacken, Knoblauch durch die Knoblauchpresse drücken.

2. Sellerie und Möhren putzen, schälen, abspülen, abtropfen lassen und klein würfeln. Bohnenkraut oder Thymian abspülen, trocken tupfen und die Blättchen von den Stängeln zupfen.

3. Olivenöl in einem Topf erhitzen. Zwiebel und Knoblauch darin 1–2 Minuten bei mittlerer Hitze glasig dünsten. Möhren- und Selleriewürfel hinzufügen und 2–3 Minuten mitdünsten. Mit Brühe ablöschen, passierte Tomaten sowie Bohnenkraut oder Thymian, Salz, etwas Pfeffer und Zucker hinzugeben und zum Kochen bringen. Die Zutaten bei mittlerer Hitze ohne Deckel etwa 30 Minuten kochen lassen.

Fertigstellung am Freitag

4. Kidneybohnen in ein Sieb geben, abspülen und abtropfen lassen. Bolognese in einen Topf füllen, die Kidneybohnen hinzugeben, zum Kochen bringen und ohne Deckel etwa 10 Minuten kochen lassen.

5. In der Zwischenzeit Rapsöl in einer Pfanne erhitzen. Schupfnudeln darin nach Packungsanleitung bei mittlerer Hitze anbraten. Fetakäse zerbröseln. Schupfnudeln auf Teller verteilen, mit der Tomatensauce und den Fetakäsebröseln servieren.

WOCHE 3

MONTAG

Paella mit Würstchen und Garnelen

DIENSTAG

Selleriecremesuppe mit geröstetem Knoblauchbrot

MITTWOCH

Gebratener Eierreis mit Asia-Gemüse

DONNERSTAG

Couscous mit Ofengemüse, Tomaten und Feta

FREITAG

Zwiebel-Flammbrote mit Ofen-Paprika und Käse

MO

DI

MI

DO

FR

Einkaufsliste Woche 3

Obst, Gemüse, Kräuter:

4 Zwiebeln
5 Knoblauchzehen
2 rote Zwiebel
3 Frühlingszwiebeln
5 rote Paprikaschoten
500 g Knollensellerie
200 g Zuckerschoten
600 g Hokkaido-Kürbis
300 g Cocktailtomaten
1 kleines Bund Petersilie
6 Stängel Minze
1 daumengroßes Stück Ingwer

Frische Produkte (Kühltheke):

125 g milde Chorizo
(spanische Knoblauchwurst)
350 g Hähnchenbrustfilet
400 g Hähnchenbrustfiletstreifen
(auf Haltbarkeitsdatum achten,
mind. 5 Tage)
25 g Butter (zimmerwarm)
200 g Schlagsahne
100 g Räucherlachs
200 g Fetakäse
250 g Schmand (Sauerrahm)
150 g ger. Käse, z. B. Gouda

Tiefkühlprodukte:

150 g küchenfertige Garnelen
100 g TK-Erbsen

Ungekühlte Lebensmittel:

350 ml Apfelsaft
150 g Rundkornreis
(auf kurze Garzeit achten)
4 TL Sahne-Meerrettich
1 Ciabatta zum Aufbacken (300 g)
200 g Basmatireis
3 Eier (Größe M)
200 g Couscous
4 Baguette-Brötchen
zum Aufbacken

Gewürze:

500 ml Geflügelfond
3 TL Instant-Gemüsebrühe
3 EL Limettensaft
1 TL Paprikapulver edelsüß
5 EL Sojasauce
1 TL gem. Kreuzkümmel (Cumin)

Vorbereitung am Sonntag Woche 3

Für den **Couscous mit Ofengemüse, Tomaten und Feta** den Backofen vorheizen:
Ober-/Unterhitze: etwa 220 °C
Heißluft: etwa 200 °C
2 rote und 2 weiße Zwiebeln abziehen, zuerst in Scheiben schneiden, dann in Ringe teilen.
600 g Hokkaido-Kürbis heiß abwaschen, abtrocknen, halbieren, entkernen und klein würfeln.

Für die **Zwiebel-Flammbrote mit Ofen-Paprika und Käse** 3 Paprikaschoten halbieren, entstielen, entkernen und die weißen Scheidewände entfernen. Die Schoten abspülen, abtropfen lassen und in kleine Würfel schneiden.

Für den **Couscous mit Ofengemüse, Tomaten und Feta** rote Zwiebelringe und Kürbiswürfel mit 1 Esslöffel Olivenöl vermengen, auf die Hälfte eines Backblechs (mit Backpapier belegt) legen und gleichmäßig verteilen.

Für die **Zwiebel-Flammbrote mit Ofen-Paprika und Käse** Paprikawürfeln und restliche Zwiebelringe ebenfalls mit 1 Esslöffel Olivenöl vermengen, auf die zweite Hälfte des Backblechs legen und gleichmäßig verteilen.
Das Backblech in den vorgeheizten Backofen schieben. Das Gemüse etwa 20 Minuten garen.

Für den **Couscous mit Ofengemüse, Tomaten und Feta** das Kürbis-Zwiebel-Gemüse heiß in ein vorbereitetes Glas füllen, 2 Esslöffel Olivenöl hinzugeben und sofort verschließen.

Für die **Zwiebel-Flammbrote mit Ofen-Paprika und Käse** das Paprika-Zwiebel-Gemüse ebenfalls in ein vorbereitetes Glas füllen und sofort verschließen.

Für den **Couscous mit Ofengemüse, Tomaten und Feta** Cocktailtomaten abspülen, trocken tupfen, halbieren und ggf. die Stängelansätze entfernen. Petersilie und Minze abspülen, trocken tupfen und die Blättchen von den Stängeln zupfen, Blättchen klein schneiden.
2 Esslöffel Limettensaft mit 40 ml Olivenöl, ⅓ Teelöffel Salz und 1 Teelöffel Zucker im Blitzhacker oder mit dem Pürierstab fein pürieren. Die Petersilien-Minze-Paste in ein gesäubertes Glas füllen, mit einem Deckel verschließen, im Kühlschrank aufbewahren.

Für die **Selleriecremesuppe mit geröstetem Knoblauchbrot** 2 Zwiebeln abziehen und klein würfeln. Die Hälfte davon für die Paella beiseitelegen. Sellerie schälen, abspülen, abtropfen lassen und würfeln. 3 Teelöffel Instant-Gemüsebrühe in 500 ml kochendem Wasser auflösen. 1 Esslöffel (25 g) Butter in einem Topf zerlassen. Zwiebelwürfel darin glasig dünsten. Selleriewürfel hinzugeben und 3–5 Minuten anbraten. Dann mit 350 ml Apfelsaft und 500 ml Brühe ablöschen. 1 Teelöffel Salz hinzugeben, zum Kochen bringen und etwa 30 Minuten ohne Deckel bei mittlerer Hitze kochen lassen. Dann 4 Teelöffel Sahne-Meerrettich

hinzugeben und mit dem Pürierstab glatt pürieren. Mit Salz und Pfeffer abschmecken. Die Suppe in ein Schraubglas füllen, sofort verschließen, abkühlen lassen und nach Möglichkeit kalt stellen.

Für die **Paella mit Würstchen und Garnelen** 4 Knoblauchzehen abziehen und durch die Knoblauchpresse drücken.

Für den **gebratenen Eierreis mit Asia-Gemüse** 1 zerdrückte Knoblauchzehe abnehmen und luftdicht verpackt im Kühlschrank lagern.

Für die **Paella mit Würstchen und Garnelen** 2 Paprikaschoten halbieren, entstielen, entkernen und die weißen Scheidewände entfernen. Die Schoten abspülen, abtropfen lassen und in Streifen schneiden. 350 g Hähnchenbrust-

filet mit Küchenpapier abtupfen und in Streifen schneiden.

---

125 g Chorizo in 1 cm dicke Scheiben schneiden.
2 Esslöffel Olivenöl in einer tiefen, beschichteten Pfanne erhitzen. Hähnchenstreifen darin bei starker Hitze in etwa 2 Minuten von allen Seiten anbraten. Dann die Chorizoscheiben hinzugeben und 1 Minute mitbraten. Beiseitegelegte Zwiebel, den Knoblauch und 1 Teelöffel Paprikapulver hinzufügen und 1 Minute mit anbraten. Zuletzt Paprikastreifen untermischen und etwa 1 weitere Minute braten lassen. 150 g Rundkornreis und 1 Teelöffel Salz in die Pfanne geben, 150 g gefrorene TK-Garnelen darauflegen, 500 ml Geflügelfond hinzugießen, die Herdplatte ausschalten.
Die Paella vollständig erkalten lassen und anschließend zugedeckt mit der Pfanne in den Kühlschrank stellen.

Für den **gebratenen Eierreis mit Asia-Gemüse** 1 daumengroßes Stück Ingwer schälen und durch die Knoblauchpresse drücken. 3 Frühlingszwiebeln abspülen, abtropfen lassen und schräg in feine Ringe schneiden. Von 200 g Zuckerschoten die Enden abschneiden, evtl. abfädeln. Zuckerschoten abspülen, abtropfen lassen. Gemüse und Ingwer separat verstauen und kühl lagern. 200 g Basmatireis mit 400 ml Wasser in einem Topf zum Kochen bringen, die Herdplatte

ausschalten und den Reis zugedeckt auf der ausgeschalteten Herdplatte quellen und vollständig erkalten lassen. Dann in eine Schüssel füllen und zugedeckt im Kühlschrank aufbewahren.

Letzte Schritte Montag bis Freitag

Am Montag: Durchführung des Schritts 4 zur Fertigstellung des Gerichts „Paella mit Würstchen und Garnelen" (s. Seite 52).

Am Dienstag: Durchführung der Schritte 3–6 zur Fertigstellung des Gerichts „Selleriecremesuppe mit geröstetem Knoblauchbrot" (s. Seite 54).

Am Mittwoch: Durchführung der Schritte 4–6 zur Fertigstellung des Gerichts „Gebratener Eierreis mit Asia-Gemüse" (s. Seite 56).

Am Donnerstag: Durchführung des Schritts 6 zur Fertigstellung des Gerichts „Couscous mit Ofengemüse, Tomaten und Feta" (s. Seite 58).

Am Freitag: Durchführung der Schritte 4–5 zur Fertigstellung des Gerichts „Zwiebel-Flammbrote mit Ofen-Paprika und Käse" (s. Seite 60).

Paella mit Würstchen und Garnelen

Zutaten für 4 Portionen

Zutaten für die Vorbereitung am Sonntag:
3 Knoblauchzehen
1 Zwiebel
2 rote Paprikaschoten
350 g Hähnchenbrustfilet
125 g milde Chorizo
2 EL Olivenöl
1 TL Paprikapulver edelsüß
150 g Rundkornreis
1 TL Salz
150 g TK-Garnelen (küchenfertig)
500 ml Geflügelfond

Zutaten für die Fertigstellung am Montag:
100 g TK-Erbsen

Pro Portion:
E: 39 g, F: 15 g, Kh: 36 g, kcal 442

Vorbereitung am Sonntag

(siehe S.50)

1. Knoblauch abziehen und durch eine Knoblauchpresse drücken. Zwiebel abziehen und klein würfeln. Paprikaschoten halbieren, entstielen, entkernen und die weißen Scheidewände entfernen. Die Schoten abspülen, abtropfen lassen und in Streifen schneiden. Hähnchenbrustfilet mit Küchenpapier abtupfen und ebenfalls in Streifen schneiden. Chorizo in etwa 1 cm dicke Scheiben schneiden.

2. Olivenöl in einer tiefen, beschichteten Pfanne erhitzen. Hähnchenstreifen darin bei starker Hitze etwa 2 Minuten von allen Seiten anbraten. Dann die Chorizoscheiben hinzugeben und etwa 1 Minute mitbraten lassen. Zwiebelwürfel, Knoblauch und Paprikapulver hinzufügen und etwa 1 Minute anbraten. Zuletzt Paprikastreifen hinzugeben und etwa 1 weitere Minute braten.

3. Rundkornreis und Salz mit in die Pfanne geben, gefrorene Garnelen darauflegen und den Geflügelfond hinzugießen.

Fertigstellung am Montag

4. Die gefrorenen Erbsen hinzugeben, untermischen. Die Paella zugedeckt erhitzen.

Tipps:
Wenn Sie die Paella außerhalb des Meal-Prep-Plans servieren, können Sie noch Muscheln oder Tintenfischringe hinzugeben. 0,4 g Safran geben dem Gericht eine exotische Note.

Selleriecremesuppe mit geröstetem Knoblauchbrot

Garzeit am Dienstag: 7–10 Minuten

Zutaten für 4 Portionen

Zutaten für die Vorbereitung am Sonntag:
1 Zwiebel
500 g Knollensellerie
3 TL Instant-Gemüsebrühe
500 ml kochendes Wasser
1 EL (25 g) Butter (zimmerwarm)
350 ml Apfelsaft
1 gestr. TL Salz
4 TL Sahne-Meerrettich
gem. Pfeffer

Zutaten für die Fertigstellung am Dienstag:
1 Knoblauchzehe
2 EL Olivenöl
1 Ciabatta (etwa 300 g)
200 g Schlagsahne
100 g Räucherlachs

Pro Portion:
E: 15 g, F: 31 g, Kh: 52 g, kcal: 565

Vorbereitung am Sonntag

(siehe S. 50)

1. Zwiebel abziehen und klein würfeln. Sellerie schälen, abspülen, abtropfen lassen und würfeln. Instant-Gemüsebrühe in 500 ml kochendem Wasser auflösen.

2. Butter in einem Topf zerlassen. Zwiebelwürfel darin glasig dünsten. Selleriewürfel hinzugeben und 3–5 Minuten anbraten. Dann mit Apfelsaft und Brühe ablöschen. 1 Teelöffel Salz hinzugeben, zum Kochen bringen und etwa 30 Minuten ohne Deckel bei mittlerer Hitze kochen lassen. Dann Sahne-Meerrettich hinzugeben und mit dem Pürierstab glatt pürieren. Mit Salz und Pfeffer abschmecken.

Fertigstellung am Dienstag

3. Den Backofen vorheizen.
Ober-/Unterhitze: etwa 220 °C
Heißluft: etwa 200 °C

4. Die Suppe auf höchster Stufe erwärmen, dabei gelegentlich umrühren, aber nicht kochen lassen. Knoblauch abziehen, durch eine Knoblauchpresse drücken und mit Olivenöl vermengen.

5. Ciabatta in etwa 1 ½ cm dicke Scheiben schneiden. Diese mit dem Knoblauchöl in einer Schüssel vermengen. Die Ciabattascheiben auf einem Backblech (mit Backpapier belegt) verteilen. Das Backblech in den vorgeheizten Backofen schieben. Die Ciabattascheiben 7–10 Minuten rösten.

6. Die Sahne unter die Suppe rühren, mit Salz und Pfeffer abschmecken. Die Suppe in tiefen Tellern verteilen. Mit Räucherlachs und geröstetem Knoblauch-Ciabatta servieren.

Gebratener Eierreis mit Asia-Gemüse

Garzeit am Mittwoch:
etwa 11 Minuten

Zutaten für 4 Portionen

Zutaten für die Vorbereitung am Sonntag:
1 Knoblauchzehe
1 daumengroßes Stück Ingwer
3 Frühlingszwiebeln
200 g Zuckerschoten
200 g Basmatireis

Zutaten für die Fertigstellung am Mittwoch:
3 Eier (Größe M)
5 EL Sojasauce
1 EL Limettensaft
400 g Hähnchenbrustfiletstreifen
2 EL Speiseöl
Salz

Pro Portion:
E: 36 g, F: 10 g, Kh: 47 g, kcal: 433

Vorbereitung am Sonntag
(siehe S. 50, 51)

1. Knoblauchzehe abziehen und Ingwer schälen. Knoblauch und Ingwer durch die Knoblauchpresse drücken.

2. Die Frühlingszwiebeln abspülen, abtropfen lassen und schräg in feine Ringe schneiden. Von den Zuckerschoten die Enden abschneiden, evtl. abfädeln. Zuckerschoten abspülen, abtropfen lassen.

3. Basmatireis mit 400 ml Wasser in einem Topf zum Kochen bringen, die Herdplatte ausschalten und den Reis zugedeckt auf der ausgeschalteten Herdplatte quellen und vollständig erkalten lassen.

Fertigstellung am Mittwoch

4. Den Basmatireis mit einer Gabel auflockern. Die Eier in einem Rührbecher aufschlagen. Sojasauce, Ingwer, Knoblauch und Limettensaft hinzugeben und gut mit dem Schneebesen verrühren.

5. Hähnchenbruststreifen mit Küchenpapier abtupfen. 1 Esslöffel Speiseöl in einer tiefen Pfanne erhitzen, die Hähnchenbruststreifen darin bei starker Hitze etwa 3 Minuten von allen Seiten anbraten, dann herausnehmen. Restliches Speiseöl in die Pfanne geben und die Zuckerschoten darin in etwa 1 Minute stark anbraten, dann die Frühlingszwiebelringe hinzugeben und etwa 1 Minuten mitbraten lassen. Zuletzt den Basmatireis hinzufügen und etwa 2 Minuten mitbraten.

6. Die Eiermischung auf dem Gemüsereis verteilen und unter Rühren stocken lassen. Anschließend etwa 4 Minuten braten lassen, dabei immer wieder wenden. Den Bratreis mit Salz abschmecken, auf Tellern verteilen und die Hähnchenbruststreifen darauf anrichten.

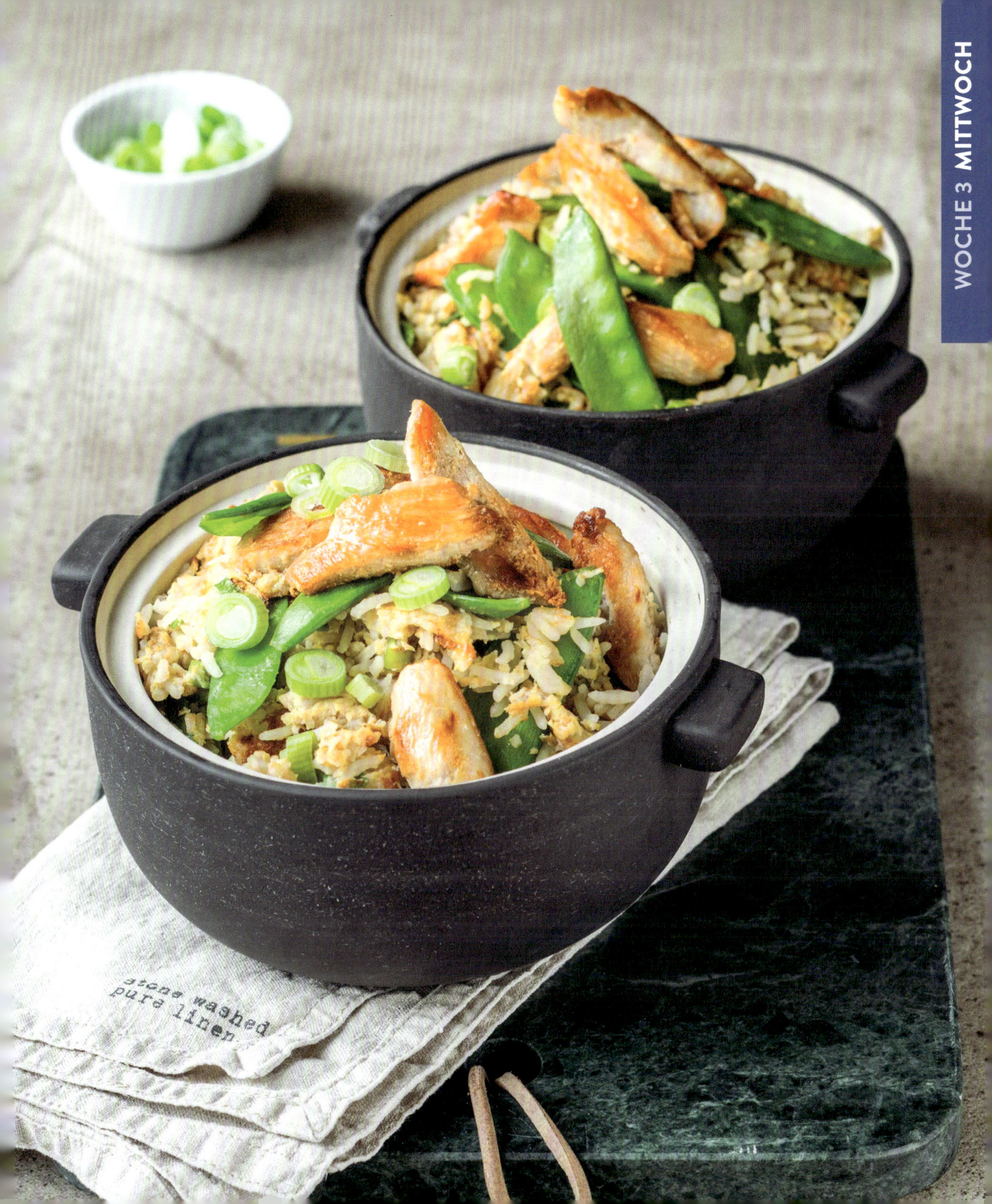
stone washed
pure linen

Couscous mit Ofengemüse, Tomaten und Feta

Garzeit am Donnerstag: 6–8 Minuten

Vegetarisch

Zutaten für 4 Portionen

Zutaten für die Vorbereitung am Sonntag:
2 rote Zwiebeln
600 g Hokkaido-Kürbis
3 EL Olivenöl
300 g Cocktailtomaten
1 kleines Bund Petersilie
6 Stängel Minze
2 EL Limettensaft
40 ml Olivenöl
1/3 TL Salz
1 TL Zucker

Zutaten für die Fertigstellung am Donnerstag:
200 g Couscous
1 TL gem. Kreuzkümmel (Cumin)
Salz
200 g Fetakäse

Pro Portion:
E: 18 g, F: 32 g, Kh: 57 g, kcal: 600

Vorbereitung am Sonntag

(siehe S. 49)

1. 2 rote Zwiebeln abziehen, zuerst in Scheiben schneiden, dann in Ringe teilen. 600 g Hokkaido-Kürbis heiß abwaschen, abtrocknen, halbieren, entkernen und klein würfeln.

2. Den Backofen vorheizen.
Ober-/Unterhitze. etwa 220 °C
Heißluft: etwa 200 °C

3. Rote Zwiebelringe und Kürbiswürfel mit 1 Esslöffel Olivenöl vermengen, auf einem Backblech (mit Backpapier belegt) gleichmäßig verteilen. Das Backblech in den vorgeheizten Backofen schieben. Das Kürbis-Zwiebel-Gemüse etwa 20 Minuten garen.

4. Kürbis-Zwiebel-Gemüse heiß in ein vorbereitetes Glas füllen, 2 Esslöffel Olivenöl hinzugeben und sofort verschließen.

5. Cocktailtomaten abspülen, trocken tupfen, halbieren und die Stängelansätze entfernen. Petersilie und Minze abspülen, trocken tupfen und die Blättchen von den Stängeln zupfen, Blättchen klein schneiden. Die Kräuter mit Limettensaft, 40 ml Olivenöl, 1/3 Teelöffel Salz und 1 Teelöffel Zucker im Blitzhacker oder mit dem Pürierstab fein pürieren.

Fertigstellung am Donnerstag

6. Couscous in eine Schüssel geben und mit 400 ml kochendem Wasser übergießen, Kreuzkümmel und Salz untermischen. Couscous zugedeckt etwa 10 Minuten quellen lassen. Dann das Kürbis-Zwiebel-Gemüse und die Tomatenhälften untermischen. Couscous mit Ofengemüse auf Tellern verteilen, mit zerbröseltem Fetakäse bestreuen und mit der Petersilien-Minz-Paste servieren.

Zwiebel-Flammbrote mit Ofen-Paprika und Käse

Backzeit am Freitag: etwa 10 Minuten

Vegetarisch

Zutaten für 4 Portionen

Zutaten für die Vorbereitung am Sonntag:
3 rote Paprikaschoten
2 Zwiebeln
Salz
gem. Pfeffer

Zutaten für die Fertigstellung am Freitag:
4 Baguette-Brötchen
150 g ger. Käse, z. B. Gouda
250 g Schmand (Sauerrahm)
1 EL Olivenöl

Pro Portion:
E: 18 g, F: 28 g, Kh: 41 g, kcal: 495

Vorbereitung am Sonntag

(siehe S. 49)

1. Den Backofen vorheizen.
Ober-/Unterhitze: etwa 220 °C
Heißluft: etwa 200 °C

2. Paprikaschoten halbieren, entstielen, entkernen und die weißen Scheidewände entfernen. Die Schoten abspülen, abtropfen lassen und in kleine Würfel schneiden. Zwiebeln abziehen, zuerst in Scheiben schneiden, dann in Ringe teilen. Paprikawürfel und Zwiebelringe mit 1 Esslöffel Olivenöl vermengen und auf einem Backblech verteilen.

3. Das Backblech in den vorgeheizten Backofen schieben. Das Gemüse etwa 20 Minuten garen. Paprika-Zwiebel-Gemüse in ein vorbereitetes Glas füllen und sofort verschließen.

Fertigstellung am Freitag

4. Den Backofen vorheizen.
Ober-/Unterhitze: etwa 220 °C
Heißluft: etwa 200 °C
(Wenn Sie das Gericht außerhalb der Reihe und nicht als Meal Prep zubereiten, können Sie den Schritt 4 überspringen.)

5. Baguette-Brötchen waagerecht halbieren. Käse und Zwiebel-Paprika-Gemüse in eine Schüssel geben und mit dem Schmand vermengen. Mit Salz und Pfeffer abschmecken und auf den Brötchenhälften verteilen. Die Brötchen auf einem Backblech verteilen. Das Backblech in den vorgeheizten Backofen schieben. Die Brötchen etwa 10 Minuten überbacken.

Tipp:
Wünschen Sie sich einen üppigeren Belag, geben Sie noch 100 g Käse und Schmand hinzu.

WOCHE 4

MONTAG

Kürbisquiche mit Salat

DIENSTAG

Hühnersuppe mit Nudeln

MITTWOCH

Hühner-Kürbis-Curry mit Reis

DONNERSTAG

Gefüllte Blätterteigtaschen

FREITAG

One-Pot-Pasta mit Brokkoli

MO

DI

FR

Einkaufsliste Woche 4

Obst, Gemüse, Kräuter:

4 Zwiebeln
3–4 Knoblauchzehen
etwa 25 g Ingwer
500 g Möhren
3 Stangen Staudensellerie mit Grün
1 kg Brokkoli
3 mittelgroße Tomaten
1 Hokkaido-Kürbis (etwa 1,2 kg)
4 Frühlingszwiebeln
1 Bund Petersilie
1 Stange Lauch
1/2 Bund Basilikum

Frische Produkte (Kühltheke):

1 küchenfertiges Huhn (etwa 1 1/2 kg)
1 TL Butter
3 Rollen Blätterteig (je 320 g, 24 x 38 cm)
150 g Crème fraîche
100 ml Milch (3,5 % Fett)
200 g Fetakäse
3 Eier (Größe M)
1 Ei (Größe S)
1 Pck. Baby-Blattsalat-Mischung (etwa 150 g)
100 g magerer Kochschinken, in Scheiben
80 g Schmand (Sauerrahm, 20 % Fett)
100 g ger. Gouda

Tiefkühlprodukte:

300 g TK-Erbsen

Ungekühlte Lebensmittel:

175 g kleine Suppennudeln
400 g Kokosmilch (aus der Dose)
250 g 10-Minuten-Langkornreis
1 TL körniger Dijon-Senf
400 g Penne (oder andere kurze Nudeln)
1 EL Tomatenmark
400 g stückige Tomaten (aus der Dose)

Gewürze:

2 Lorbeerblätter
1 TL schwarze Pfefferkörner
2 Gewürznelken
1 Sternanis
1/4 TL gem. Kreuzkümmel (Cumin)
1/4 TL Garam Masala (indische Gewürzmischung oder Currypulver)
1/4 TL gem. Kurkuma (Gelbwurz)
1 geh. TL Instant-Gemüsebrühe
1 TL gerebelter Oregano
2–3 TL Limettensaft
etwas ger. Muskatnuss

Vorbereitung am Sonntag Woche 4

Für die **Hühnersuppe mit Nudeln** und das **Hühner-Kürbis-Curry mit Reis** das Huhn (etwa 1 ½ kg) mit Küchenpapier abtupfen und mit der Brust nach oben in einen großen Topf geben. 1 Zwiebel und 1 Knoblauchzehe abziehen, jeweils halbieren. 1 daumengroßes Stück Ingwer (etwa 10 g) schälen und in grobe Stücke schneiden.
200 g Möhren putzen, schälen, abspülen, abtropfen lassen und in grobe Stücke schneiden. Selleriestangen mit Grün abspülen, abtropfen lassen und in grobe Stücke schneiden. Das vorbereitete Gemüse mit Lorbeerblättern, Pfefferkörnern, Gewürznelken, Sternanis und 1 Teelöffel Salz zum Huhn in den Topf geben. Etwa 3 Liter Wasser hinzugießen, sodass das Huhn bedeckt ist, und zum Kochen bringen. Das Huhn zugedeckt bei schwacher Hitze etwa 1 Stunde kochen lassen. Dabei das Huhn nach der Hälfte der Garzeit wenden. Den Topf von der Kochstelle nehmen. Huhn herausheben und etwas abkühlen lassen. Die Brühe durch ein feines Sieb gießen, dabei die Brühe auffangen.

Für die **Hühnersuppe mit Nudeln** 1 ½ Liter Brühe in einen Topf gießen, erkalten lassen und dann zugedeckt in den Kühlschrank stellen.

Für das **Hühner-Kürbis-Curry mit Reis** 200 ml Brühe heiß in ein vorbereitetes Schraubglas füllen, sofort verschließen, abkühlen lassen und nach Möglichkeit in den Kühlschrank stellen. Restliche Brühe abkühlen lassen, einfrieren und anderweitig verwenden.

Das Huhn häuten und das Fleisch (etwa 650 g) von den Knochen lösen. Für die **Hühnersuppe mit Nudeln** etwa 250 g Fleisch klein schneiden und zugedeckt in den Kühlschrank stellen.

Für das **Hühner-Kürbis-Curry mit Reis** das restliche Fleisch in etwa 2 cm große Stücke schneiden, in ein Gefäß füllen und ebenfalls zugedeckt in den Kühlschrank stellen.

Während das Huhn gart, für die **Kürbisquiche mit Salat** den Backofen vorheizen.
Ober-/Unterhitze 200 °C
Heißluft: nicht empfehlenswert
1 Rolle Blätterteig (320 g, 24 x 38 cm) entrollen, mit dem Backpapier in eine Tarteform (Ø 30 cm) legen. Überstehenden Teig abschneiden und die Form damit so auslegen, dass Boden und Rand komplett mit Teig bedeckt sind. Angesetzte Stücke an den Rändern etwas

andrücken. Teigboden mehrmals mit einer Gabel einstechen.
Die Form auf dem Rost in den vorgeheizten Backofen (2. Schiene von unten) schieben. Den Blätterteig etwa 5 Minuten vorbacken.

In der Zwischenzeit Kürbis schälen, abspülen, abtropfen lassen und halbieren. Die Kerne mit einem Löffel herauskratzen. Eine Kürbishälfte nochmals vierteln und in 2–3 mm dicke Spalten schneiden.
½ Bund Petersilie abspülen, trocken tupfen und die Blättchen von den Stängeln zupfen, Blättchen klein schneiden. Crème fraîche mit Milch, 3 Eiern (Größe M) und Petersilie in eine Schüssel geben und mit dem Schneebesen verschlagen. 100 g Fetakäse zerbröseln und untermischen. Mit Salz und Pfeffer kräftig würzen. Vorgebackenen Boden dachziegelartig mit Kürbisspalten belegen. Den Eierguss gleichmäßig darauf verteilen. 100 g Fetakäse darüberbröseln.
Die Form wieder auf dem Rost in den heißen Backofen schieben. Die Quiche bei gleicher Backofentemperatur in weiteren 35–40 Minuten fertig backen. Evtl. kurz vor Ende der Garzeit die Quiche mit Backpapier abdecken, damit die Oberfläche nicht zu dunkel wird.
Quiche in der Form erkalten lassen und zugedeckt in den Kühlschrank stellen.

Während die Quiche backt, für die **Hühnersuppe mit Nudeln** und die **One-Pot-Pasta mit Brokkoli** 300 g Möhren putzen, schälen, abspülen, abtropfen lassen. Je nach Größe längs halbieren oder vierteln und in schmale Stücke schneiden. Möhren in einem Topf knapp mit Wasser bedeckt zum Kochen bringen, Salz hinzugeben. Die Möhren zugedeckt etwa 10 Minuten dünsten. Die gegarten Möhren abgießen, erkalten lassen, in ein Gefäß füllen und zugedeckt in den Kühlschrank stellen. Brokkoli putzen, abspülen, abtropfen lassen, in Röschen teilen, in einem Topf knapp mit Wasser bedeckt zum Kochen bringen, Salz hinzugeben. Brokkoliröschen

zugedeckt etwa 7 Minuten dünsten, abgießen, abkühlen lassen.

Jeweils die Hälfte der Brokkoliröschen für die **Hühnersuppe mit Nudeln** und die **One-Pot-Pasta mit Brokkoli** getrennt zugedeckt in den Kühlschrank stellen.

Für die **Hühnersuppe mit Nudeln** 175 g kleine Nudeln in kochendem Salzwasser nach Packungsanleitung, jedoch etwa 1 Minute kürzer als angegeben garen. Nudeln abgießen, erkalten lassen und zugedeckt in den Kühlschrank stellen.
½ Bund Petersilie abspülen, trocken tupfen und die Blättchen von den Stängeln zupfen, Blättchen klein schneiden, in ein vorbereitetes Schraubglas füllen, verschließen und in den Kühlschrank stellen.

Für das **Hühner-Kürbis-Curry mit Reis** die Currypaste zubereiten. Hierfür 2 Zwiebeln (etwa 175 g), 15 g Ingwer und 1–2 Knoblauchzehen schälen, bzw. abziehen. Alles grob zerkleinern und mit 3 Esslöffeln Wasser pürieren. Kreuzkümmel, Garam Masala, Kurkumapulver und ½ Teelöffel Salz mischen, beiseitestellen.
3 mittelgroße Tomaten abspülen, abtropfen lassen, halbieren und die Stängelansätze herausschneiden. Tomatenhälften klein würfeln.

---

1 Esslöffel Speiseöl und 1 Teelöffel Butter in einer Pfanne erhitzen bzw. zerlassen. Zwiebel-Ingwer-Püree darin unter Wenden anrösten, bis es leicht gebräunt ist und sich das

Fett an der Oberfläche absetzt. Tomatenwürfel hinzugeben und unter Rühren bei starker Hitze etwa 5 Minuten kochen, bis die Tomaten zerfallen und alle Flüssigkeit verkocht ist. Zwiebel-Gewürz-Mix unterrühren. Paste in ein Schraubglas füllen, abkühlen lassen und in den Kühlschrank stellen.
Restliche Kürbishälfte in 2–3 cm große Würfel schneiden. Diese in ein Gefäß füllen und abgedeckt in den Kühlschrank stellen. 4 Frühlingszwiebeln putzen, abspülen, abtropfen lassen und in feine Ringe schneiden und abgedeckt in den Kühlschrank stellen.

Für die **Blätterteigtaschen** Lauch putzen, die Stange längs halbieren, gründlich waschen, abtropfen lassen und quer in schmale Streifen schneiden. Kochschinken in kleine Würfel schneiden. 1 Esslöffel Speiseöl in einer Pfanne erhitzen. Die Lauchstreifen und 100 g gefrorene Erbsen darin unter Wenden 4–5 Minuten dünsten. Zuletzt die Schinkenwürfel untermischen, etwas abkühlen lassen. 80 g Schmand unterrühren. 50 g geraspelten Gouda unter die Füllung rühren. Füllung mit Salz, Pfeffer und Muskat würzen, in eine Vorratsdose füllen und zugedeckt in den Kühlschrank stellen.

Für die **One-Pot-Pasta mit Brokkoli** 1 Zwiebel und 1 Knoblauchzehe abziehen, Zwiebel fein würfen, Knoblauch durch eine Knoblauchpresse drücken und beides zugedeckt in den Kühlschrank stellen.

Letzte Schritte Montag bis Freitag

Am Montag: Durchführung der Schritte 7–10 zur Fertigstellung des Gerichts „Kürbisquiche mit Salat" (s. Seite 68).

Am Dienstag: Durchführung der Schritte 8–9 zur Fertigstellung des Gerichts „Hühnersuppe mit Nudeln" (s. Seite 70).

Am Mittwoch: Durchführung der Schritte 10–12 zur Fertigstellung des Gerichts „Hühner-Kürbis-Curry mit Reis" (s. Seite 72).

Am Donnerstag: Durchführung der Schritte 3–6 zur Fertigstellung des Gerichts „Gefüllte Blätterteigtaschen" (s. Seite 74).

Am Freitag: Durchführung der Schritte 2–4 zur Fertigstellung des Gerichts „One-Pot-Pasta mit Brokkoli" (s. Seite 76).

Kürbisquiche mit Salat

Garzeit am Montag: etwa 10 Minuten

Vegetarisch

Zutaten für 4 Portionen

Zutaten für die Vorbereitung am Sonntag:
1 Rolle Blätterteig (320 g, 24 x 38 cm, aus dem Kühlregal)
1/2 Hokkaido-Kürbis (etwa 600 g)
1/2 Bund Petersilie
150 g Crème fraîche
100 ml Milch (3,5 % Fett)
3 Eier (Größe M)
200 g Fetakäse
Salz
gem. Pfeffer

Zutaten für die Fertigstellung am Montag:
1 Pck. Baby-Blattsalat-Mischung (etwa 150 g)
2 EL heller Essig
1 TL körniger Dijon-Senf
1/2 TL Zucker
5 EL Olivenöl

Pro Portion:
E: 22 g, F: 67 g, Kh: 44 g, kcal: 874

Vorbereitung am Sonntag

(siehe S. 65, 66)

1. Den Backofen vorheizen.
Ober-/Unterhitze: etwa 200 °C
Heißluft: nicht empfehlenswert

2. Blätterteig entrollen, mit dem Backpapier in eine Tarteform (Ø 30 cm) legen. Überstehenden Teig abschneiden und die Form so damit auslegen, dass Boden und Rand komplett mit Teig bedeckt ist. Angesetzte Stücke an den Rändern etwas andrücken. Teigboden mehrmals mit einer Gabel einstechen.

3. Die Form auf dem Rost in den vorgeheizten Backofen (2. Schiene von unten) schieben. Den Blätterteig etwa 5 Minuten vorbacken.

4. In der Zwischenzeit Kürbis schälen, abspülen, abtropfen lassen und halbieren. Die Kerne mit einem Löffel herauskratzen. Die Kürbishälften in 2–3 mm dicke Spalten schneiden.

5. Petersilie abspülen, trocken tupfen, Blättchen von den Stängeln zupfen und klein schneiden. Crème fraîche mit Milch, Eiern und Petersilie mit dem Schneebesen verschlagen. 100 g Feta zerbröseln und untermischen. Mit Salz und Pfeffer kräftig würzen. Vorgebackenen Boden dachziegelartig mit Kürbisspalten belegen. Eierguss darauf verteilen. 100 g Feta darüberbröseln.

6. Die Form wieder auf dem Rost in den heißen Backofen schieben. Die Quiche bei gleicher Backofentemperatur in weiteren 35–40 Minuten fertig backen. Evtl. kurz vor Ende der Backzeit die Quiche mit Backpapier belegen.

Fertigstellung am Montag

7. Den Backofen vorheizen.
Ober-/Unterhitze: etwa 200 °C

8. Die Quiche auf dem Rost in den vorgeheizten Backofen schieben und etwa 10 Minuten erwärmen. (Wenn Sie das Gericht außerhalb der Reihe und nicht als Meal Prep zubereiten, können Sie die Schritte 7–8 überspringen.)

9. Inzwischen Salat abspülen, trocken tupfen und in eine Schüssel geben. Essig, Senf, Zucker, etwas Salz und Pfeffer verschlagen, Olivenöl unterschlagen. Mit Salz und Pfeffer abschmecken. Das Dressing zum Salat geben und vorsichtig unterheben.

10. Quiche mit dem Salat servieren.

Hühnersuppe mit Nudeln

Garzeit am Dienstag:
etwa 5 Minuten

Zutaten für 4 Portionen

Zutaten für die Vorbereitung am Sonntag:
1 küchenfertiges Huhn (etwa 1 ½ kg)
1 Zwiebel
1 Knoblauchzehe
1 daumengroßes Stück Ingwer (etwa 10 g)
500 g Möhren
3 Stangen Sellerie mit Grün
2 Lorbeerblätter
1 TL schwarze Pfefferkörner
2 Gewürznelken
1 Sternanis
Salz
500 g Brokkoli
175 g kleine Suppennudeln
½ Bund Petersilie

Zutaten für die Fertigstellung am Dienstag:
200 g TK-Erbsen
Salz
gem. Pfeffer

Pro Portion:
E: 27 g, F: 8 g, Kh: 45 g, kcal: 376

Vorbereitung am Sonntag

(siehe S. 65, 66)

1. Huhn mit Küchenpapier abtupfen und mit der Brust nach oben in einen großen Topf geben. Zwiebel und Knoblauchzehe abziehen, jeweils halbieren. Ingwer schälen und in grobe Stücke schneiden.

2. 200 g Möhren putzen, schälen, abspülen, abtropfen lassen und in grobe Stücke schneiden. Selleriestangen mit Grün abspülen, abtropfen lassen und in grobe Stücke schneiden.

3. Das vorbereitete Gemüse mit Lorbeerblättern, Pfefferkörnern, Gewürznelken, Sternanis und 1 Teelöffel Salz zum Huhn in den Topf geben. Etwa 3 Liter Wasser hinzugießen, sodass das Huhn bedeckt ist, zum Kochen bringen. Das Huhn zugedeckt bei schwacher Hitze etwa 1 Stunde kochen lassen. Dabei das Huhn nach der Hälfte der Garzeit wenden.

4. Den Topf von der Kochstelle nehmen. Huhn herausheben und etwas abkühlen lassen. Die Brühe durch ein feines Sieb gießen, dabei die Brühe auffangen.

5. 1 ½ Liter Brühe in einen Topf gießen. Das Huhn häuten und das Fleisch von den Knochen lösen. Etwa 250 g Fleisch klein schneiden und beiseitelegen. (Restliche Brühe und Fleisch einfrieren oder anderweitig verwenden.)

6. 300 g Möhren putzen, schälen, abspülen, abtropfen lassen und je nach Größe längs halbieren oder vierteln und in schmale Stücke schneiden. Möhrenstücke in einem Topf knapp mit Wasser bedeckt zum Kochen bringen, Salz hinzugeben. Die Möhrenstücke zugedeckt etwa 10 Minuten dünsten. Die gegarten Möhren abgießen, erkalten lassen. Brokkoli putzen, abspülen, abtropfen lassen, in Röschen teilen, in einem Topf knapp mit Wasser bedeckt zum Kochen bringen, Salz hinzugeben. Brokkoliröschen zugedeckt etwa 7 Minuten dünsten, abgießen, abkühlen lassen.

7. Kleine Nudeln in kochendem Salzwasser nach Packungsanleitung, jedoch etwa 1 Minute kürzer als angegeben, garen. Nudeln abgießen und erkalten lassen. Petersilie abspülen, trocken tupfen und die Blättchen von den Stängeln zupfen, Blättchen klein schneiden

Fertigstellung am Dienstag

8. Brühe in einem Topf zum Kochen bringen. Gefrorene Erbsen in die kochende Brühe geben und etwa 5 Minuten garen. Etwa 2 Minuten vor Ende der Erbsen-Garzeit Möhren, Brokkoli, Hühnerfleisch und Nudeln in die Suppe geben und erhitzen.

9. Die Hühnersuppe mit Nudeln mit Salz und Pfeffer abschmecken, mit Petersilie bestreuen und servieren.

Hühner-Kürbis-Curry mit Reis

Garzeit am Mittwoch:
etwa 15 Minuten

Zutaten für 4 Portionen

Zutaten für die Vorbereitung am Sonntag:
1 küchenfertiges Huhn (etwa 1 ½ kg)
3 Zwiebeln
2–3 Knoblauchzehen
25 g Ingwer
500 g Möhren
3 Stangen Sellerie mit Grün
2 Lorbeerblätter
1 TL schwarze Pfefferkörner
2 Gewürznelken, 1 Sternanis, Salz
je ¼ TL gem. Kreuzkümmel (Cumin), Garam Masala, gem. Kurkuma (Gelbwurz)
3 Tomaten
1 EL Speiseöl, 1 TL Butter
½ Hokkaido-Kürbis (etwa 600 g)
4 Frühlingszwiebeln

Zutaten für die Fertigstellung am Mittwoch:
1 EL Speiseöl
400 g Kokosmilch
250 g 10-Minuten-Langkornreis
Salz, gem. Pfeffer
2–3 TL Limettensaft

Pro Portion:
E: 28 g, F: 39 g, Kh: 71 g, kcal: 751

Vorbereitung am Sonntag

(siehe S. 65–67)

1. Huhn mit Küchenpapier abtupfen und mit der Brust nach oben in einen großen Topf geben. 1 Zwiebel und 1 Knoblauchzehe abziehen, jeweils halbieren. Etwa 10 g Ingwer schälen und in grobe Stücke schneiden.

2. Möhren putzen, schälen, abspülen, abtropfen lassen und in grobe Stücke schneiden. Selleriestangen mit Grün abspülen, abtropfen lassen und in grobe Stücke schneiden.

3. Das vorbereitete Gemüse mit Lorbeerblättern, Pfefferkörnern, Gewürznelken, Sternanis und 1 Teelöffel Salz zum Huhn in den Topf geben. Etwa 3 Liter Wasser hinzugießen, sodass das Huhn bedeckt ist, zum Kochen bringen. Das Huhn zugedeckt bei schwacher Hitze etwa 1 Stunde kochen lassen. Dabei das Huhn nach der Hälfte der Garzeit wenden.

4. Den Topf von der Kochstelle nehmen. Huhn herausheben und etwas abkühlen lassen. Die Brühe durch ein feines Sieb gießen, dabei die Brühe auffangen.

5. 200 ml Brühe in einen Topf gießen. Das Huhn häuten und das Fleisch von den Knochen lösen. Etwa 400 g Fleisch in etwa 2 cm große Stücke schneiden und beiseitelegen. (Restliche Brühe und Fleisch einfrieren oder anderweitig verwenden.)

6. Für die Currypaste 2 Zwiebeln und 1–2 Knoblauch abziehen, jeweils halbieren. 15 g Ingwer schälen und mit 3 Esslöffeln Wasser pürieren.

7. Kreuzkümmel, Garam Masala, Kurkumapulver und ½ Teelöffel Salz mischen, beiseitestellen. 3 mittelgroße Tomaten abspülen, abtropfen lassen, halbieren, die Stängelansätze herausschneiden und klein würfeln.

8. Speiseöl und Butter in einer Pfanne erhitzen bzw. zerlassen. Zwiebel-Ingwer-Püree darin unter Wenden anrösten, bis es leicht gebräunt ist und sich das Fett an der Oberfläche absetzt. Tomatenwürfel hinzugeben und unter Rühren bei starker Hitze etwa 5 Minuten kochen, bis alle Flüssigkeit verkocht ist. Zwiebel-Gewürz-Mix unterrühren.

9. Kürbis schälen, abspülen, abtropfen lassen und halbieren. Die Kerne mit einem Löffel herauskratzen. Kürbishälfte 2–3 cm groß würfeln. Frühlingszwiebeln putzen, abspülen, abtropfen lassen und in feine Ringe schneiden.

Fertigstellung am Mittwoch

10. Speiseöl in einem Topf erhitzen. Kürbiswürfel und den weißen Teil der Frühlingszwiebeln darin unter Wenden etwa 2 Minuten dünsten. Die Currypaste (Zwiebel-Gewürz-Mix) unterrühren. Kokosmilch und Hühnerbrühe hinzugießen, zum Kochen bringen und zugedeckt etwa 10 Minuten unter gelegentlichem Rühren kochen lassen.

11. In der Zwischenzeit den Reis in kochendem Salzwasser nach Packungsanleitung garen.

12. Das Fleisch zum Kürbis-Curry geben und weitere 2–3 Minuten kochen lassen.

13. Das Curry mit Limettensaft, Salz und Pfeffer abschmecken. Mit Frühlingszwiebelgrün bestreuen und mit dem Reis anrichten.

Gefüllte Blätterteigtaschen

Garzeit am Donnerstag:
etwa 12 Minuten

Zutaten für 4 Portionen

Zutaten für die Vorbereitung am Sonntag:
1 Stange Lauch
100 g magerer Kochschinken
1 EL Speiseöl
100 g TK-Erbsen
80 g Schmand (Sauerrahm, 20 % Fett)
50 g ger. mittelalter Gouda
Salz
gem. Pfeffer
ger. Muskatnuss

Zutaten für die Fertigstellung am Donnerstag:
2 Rollen Blätterteig
(je 320 g, 24 x 38 cm)
1 Ei (Größe S)

Pro Portion:
E: 20 g, F: 64 g, Kh: 53 g, kcal: 879

Vorbereitung am Sonntag

(siehe S. 67)

1. Für die Füllung den Lauch putzen, die Stange längs halbieren, gründlich waschen, abtropfen lassen und quer in schmale Streifen schneiden. Den Schinken in kleine Würfel schneiden.

2. Speiseöl in einer Pfanne erhitzen. Die Lauchstreifen und die gefrorenen Erbsen darin unter Wenden 4–5 Minuten andünsten. Zuletzt die Schinkenwürfel untermischen, etwas abkühlen lassen. Schmand und Käse unterrühren. Die Füllung mit Salz, Pfeffer und Muskat würzen.

Fertigstellung am Donnerstag

3. Den Backofen vorheizen.
Ober-/Unterhitze: etwa 225 °C
Heißluft: etwa 205 °C

4. Den Blätterteig entrollen und in insgesamt 16 Stücke (jeweils etwa 12 x 9 ½ cm) schneiden. Das Ei verschlagen.

5. Jeweils auf eine Hälfte der einzelnen Teigstücke die Füllung verteilen, dabei einen Rand frei lassen. Die Teigränder jeweils mit dem verschlagenen Ei bestreichen. Die nicht belegte Teighälfte darüberklappen und die Ränder rundherum mit einer Gabel fest andrücken.

6. Die Blätterteigtaschen auf einem Backblech (mit Backpapier belegt) verteilen und mit dem restlichen Ei bestreichen. Das Backblech in den vorgeheizten Backofen schieben. Die Blätterteigtaschen etwa 12 Minuten backen.

Tipp:
Dazu passt sehr gut gemischte Rohkost, z. B. Möhren, Paprikaschoten und Gurken.

One-Pot-Pasta mit Brokkoli

Garzeit am Freitag: 13–14 Minuten

Vegetarisch

Zutaten für 4 Portionen

Zutaten für die Vorbereitung am Sonntag:
1 Zwiebel
1 Knoblauchzehe
500 g Brokkoli
Salz

Zutaten für die Fertigstellung am Freitag:
400 g Penne
1 EL Tomatenmark
1 TL gerebelter Oregano
1 geh. TL Instant-Gemüsebrühe
400 g stückige Tomaten (aus der Dose)
2 EL Olivenöl
gem. Pfeffer
750 ml kochendes Wasser
1/2 Bund Basilikum
50 g ger. Gouda

Pro Portion:
E: 21 g, F: 10 g, Kh: 76 g, kcal: 497

Vorbereitung am Sonntag
(siehe S. 66, 67)

1. Zwiebel und Knoblauchzehe abziehen, Zwiebel fein würfen, Knoblauch durch eine Knoblauchpresse drücken. Brokkoli putzen, abspülen, abtropfen lassen, in Röschen teilen, in einem Topf knapp mit Wasser bedeckt zum Kochen bringen, Salz hinzugeben. Brokkoliröschen zugedeckt etwa 7 Minuten dünsten, abgießen, abkühlen lassen.

Fertigstellung am Freitag

2. Die Nudeln in einen möglichst weiten mittelgroßen Topf geben. Zwiebelwürfel, Knoblauch, Tomatenmark, Oregano, Brühepulver, Tomaten, Olivenöl, etwas Salz und Pfeffer und 750 ml kochendes Wasser hinzugeben, kurz durchrühren und zugedeckt zum Kochen bringen. Die Nudeln ohne Deckel etwa 10 Minuten bei mittlerer Hitze kochen lassen. Dabei immer wieder gut durchrühren, damit nichts ansetzt.

3. In der Zwischenzeit Basilikum abspülen, trocken tupfen und die Blättchen von den Stängeln zupfen, Blättchen nach Belieben in Streifen schneiden.

4. Die Brokkoliröschen zu den Nudeln geben, unterheben und alles weitere 3–4 Minuten kochen. Die Nudeln mit Salz und Pfeffer abschmecken und auf Tellern anrichten. Mit Gouda und Basilikum bestreut servieren.

WOCHE 5

MONTAG

Pizza mit Mais, Paprika und Salami

DIENSTAG

Polenta-Pommes mit Lachs und Möhrensalat

MITTWOCH

Eier mit Senfsauce und Backkartoffeln

DONNERSTAG

One-Pot-Penne mit Paprika-Salami-Sauce

FREITAG

Spinat-Bulgur mit Spiegelei

MO

MI

DO

DI

FR

Einkaufsliste Woche 5

Obst, Gemüse, Kräuter:

600 g Cocktailtomaten
4 1/2 rote Paprikaschoten
8 festkochende Kartoffeln (je etwa 180 g)
300 g Möhren
1 Frühlingszwiebel
5 kleine Knoblauchzehen
3 Stängel Rosmarin
1 Kästchen Kresse

Frische Produkte (Kühltheke):

125 g Butter
120 g ger. Gouda
100 g Parmesan
80 g Joghurt (3,5 Fett)
50 ml Milch (3,5 % Fett)
4 Stücke Lachsfilet (etwa 500 g, vakuumverpackt, auf Haltbarkeitsdatum achten, mind. 3 Tage haltbar)
100 g Salami
1 erbsengroßes Stück frische Hefe (etwa 1 g)

Tiefkühlprodukte:

200 g TK-Spinat

Ungekühlte Lebensmittel:

475 g Weizenmehl, z. B. Type 405, 550 oder Dinkelmehl Type 630
150 g Polenta
200 g Bulgur
400 g Penne
4 EL Gemüsemais (aus der Dose, etwa 100 g)
500 ml passierte Tomaten (aus dem Tetra Pak®)
8 Eier (Größe M)

Gewürze:

2 TL Sojasauce
50 g Delikatessmayonnaise
2 EL Paprikapulver edelsüß
2 TL getr. ital. Kräuter
1 EL flüssiger Honig
4 TL Instant-Gemüsebrühe
2 EL Senf, mittelscharf

Vorbereitung am Sonntag Woche 5

Für die **Eier mit Senfsauce und Backkartoffeln** den Backofen vorheizen.
Ober-/Unterhitze: etwa 220 °C
Heißluft: etwa 200 °C
Backkartoffeln gründlich waschen, evtl. abbürsten, abtrocknen, einzeln in Alufolie wickeln und auf dem

Rost in den vorgeheizten Backofen schieben. Die Kartoffeln in etwa 60 Minuten gar backen.

Für die **Polenta-Pommes mit Lachs und Möhrensalat** 450 ml Wasser, ½ Teelöffel Salz und 75 g Butter in einem Topf zum Kochen bringen. Dann Polenta einrühren und bei schwacher Hitze unter Rühren etwa 10 Minuten kochen lassen. 50 g Parmesan reiben, unterheben und mit ⅓ Teelöffel Pfeffer würzen. Eine Auflaufform mit Backpapier auslegen, Polenta hineingeben und zugedeckt über Nacht in den Kühlschrank stellen. Für die Lachs-Marinade 1 kleine Knoblauchzehe abziehen und sehr fein würfeln. Mit 2 Messerspitzen Pfeffer, Honig, 1 Esslöffel hellen Essig und Sojasauce vermengen, in ein vorbereitetes Glas füllen, verschließen und im Kühlschrank aufbewahren.

Für die **Pizza mit Mais, Paprika und Salami** und den **Spinat-Bulgur mit Spiegelei** 600 g Cocktailtomaten abspülen, abtrocknen, halbieren und bei Bedarf die Stängelansätze herausschneiden. 250 g Cocktailtomaten mit 2 Teelöffeln gerebelten italienischen Kräutern, 1 Teelöffel Zucker und 4 Prisen Salz in einem Topf zum Kochen bringen und etwa 15 Minuten ohne Deckel kochen lassen. Dann den Topf beiseitestellen.

Für die **Pizza mit Mais, Paprika und Salami**, die **One-Pot-Penne mit Paprika-Salami-Sauce** und den **Spinat-Bulgur mit Spiegelei** Paprikaschoten halbieren, entstielen, entkernen und die weißen Scheidewände entfernen. Schoten abspülen, abtropfen lassen und in feine Streifen schneiden. Die Menge von etwa einer in Streifen geschnittenen Paprikaschotenhälfte in ein Gefäß füllen und zugedeckt in den Kühlschrank stellen. Restliche Paprikaschotenstreifen auf einem Backblech (mit Backpapier belegt) verteilen.

Für die **One-Pot-Penne mit Paprika-Salami-Sauce** und den **Spinat-Bulgur mit Spiegelei** 4 Knoblauchzehen abziehen, halbieren und auf dem Backblech verteilen, die restlichen, halbierten Cocktailtomaten auf eine Hälfte des Backblechs zu den Paprikastreifen geben. Rosmarin abspülen, trocken tupfen und auf den Tomatenhälften verteilen. Das Ofengemüse mit 4 Esslöffeln Olivenöl vermengen und das Backblech nach den Backkartoffeln in den vorgeheizten Backofen schieben und bei gleicher Backofeneinstellung etwa 15 Minuten backen.

Für den **Spinat-Bulgur mit Spiegelei** die Backblechhälfte mit den Paprikastreifen und Tomatenhälften heiß in ein sterilisiertes Schraub- oder Einmachglas füllen, die Rosmarinnadeln mit einer Gabel oder der Hand von den Stängeln streifen und ebenfalls zu der

Tomaten-Paprika-Masse ins Glas füllen und sofort verschließen.

Für die **One-Pot-Penne mit Paprika-Salami-Sauce** die restliche Paprikaschotenhälfte in ein zweites Glas füllen und ebenfalls sofort verschließen.

Für die **Eier mit Senfsauce und Backkartoffeln** 4 Eier in einen Topf geben, zu drei Viertel mit Wasser angießen und zugedeckt zum Kochen bringen und in etwa 8 Minuten hart kochen. Dann die Eier aus dem Wasser nehmen und vollständig erkalten lassen.
300 ml Wasser im Wasserkocher erhitzen. 50 g Butter in einem Topf bei mittlerer Hitze zerlassen. Topf von der Kochstelle nehmen, 25 g Mehl mit dem Schneebesen einrühren und glatt rühren. 1 Teelöffel Instant-Gemüsebrühe mit dem kochenden Wasser aufgießen, vermengen und nach und nach zum Mehl geben. Milch unterrühren.

Den Topf wieder auf die Kochstelle stellen und die Sauce einmal aufkochen lassen. Dann mittelscharfen Senf unterrühren und mit Salz abschmecken.

Die Sauce in ein sterilisiertes Schraubglas füllen und sofort verschließen. Nach dem Abkühlen im Kühlschrank aufbewahren.

Für die **Polenta-Pommes mit Lachs und Möhrensalat** Möhren putzen, schälen, abspülen, abtropfen lassen und in feine Streifen schneiden. 1 Frühlingszwiebel putzen, abspülen, abtropfen lassen und in feine Ringe schneiden. Beides mit Mayonnaise und Joghurt in einer Schüssel verrühren und mit ⅓ Teelöffel Salz, 3 Prisen Pfeffer, 1 Esslöffel Essig und 2 Prisen Zucker abschmecken. Möhrensalat abgedeckt im Kühlschrank aufbewahren.

Für die **Pizza mit Mais, Paprika und Salami** 1 erbsengroßes Stück Hefe, 1 Teelöffel Salz, 1 Prise Zucker und 1 Esslöffel Olivenöl mit 250 ml lauwarmem Wasser in einer großen Schüssel auflösen. 100 g Mehl hinzugeben und mit einem Mixer (Knethaken) unterarbeiten. Dann die restlichen 350 g Mehl hinzufügen und etwa 10 Minuten unterkneten. Den Teig zugedeckt bei nicht zu warmer Raumtemperatur bis zur Verwendung am Montag gehen lassen.

Letzte Schritte Montag bis Freitag

Am Montag: Durchführung der Schritte 4–6 zur Fertigstellung des Gerichts „Pizza mit Mais, Paprika und Salami“ (s. Seite 84).

Am Dienstag: Durchführung der Schritte 4–7 zur Fertigstellung des Gerichts „Polenta-Pommes mit Lachs und Möhrensalat“ (s. Seite 86).

Am Mittwoch: Durchführung der Schritte 5–8 zur Fertigstellung des Gerichts „Eier mit Senfsauce und Backkartoffeln“ (s. Seite 88).

Am Donnerstag: Durchführung der Schritte 4–6 zur Fertigstellung des Gerichts „One-Pot-Penne mit Paprika-Salami-Sauce“ (s. Seite 90).

Am Freitag: Durchführung der Schritte 5–7 zur Fertigstellung des Gerichts „Spinat-Bulgur mit Spiegelei“ (s. Seite 92).

Pizza mit Mais, Paprika und Salami

Backzeit am Montag:
etwa 10 Minuten

Zutaten für 4 Portionen

Zutaten für die Vorbereitung am Sonntag:
1 gestr. TL Salz
1 erbsengroßes Stück frische Hefe (etwa 1 g)
Zucker
1 TL Olivenöl
450 g Weizenmehl
250 g Cocktailtomaten
2 TL gerebelte, ital. Kräuter
1/2 Paprikaschote

Zutaten für die Fertigstellung am Montag:
4 EL Gemüsemais (aus der Dose, etwa 100 g)
etwa 15 kleine Scheiben Salami (etwa 50 g)
120 ger. Gouda

Pro Portion:
E: 23 g, F: 16 g, Kh: 88 g, kcal: 593

Vorbereitung am Sonntag

(siehe S. 81, 83)

1. Salz, Hefe, 1 Prise Zucker und Olivenöl mit 250 ml lauwarmem Wasser in einer großen Schüssel auflösen. 100 g Mehl hinzugeben und mit dem Mixer (Knethaken) zu einem Teig verarbeiten. Dann das restliche Mehl hinzufügen und in etwa 10 Minuten unterkneten. Den Teig zugedeckt bei nicht zu warmer Raumtemperatur gehen lassen.

2. Die Tomaten abspülen, abtrocknen, halbieren und die Stängelansätze herausschneiden, mit italienischen Kräutern, 1 Teelöffel Zucker und 4 Prisen Salz in einem Topf zum Kochen bringen und etwa 15 Minuten ohne Deckel kochen lassen. Dann den Topf beiseitestellen.

3. Paprikaschotenhälfte entstielen, entkernen und die weißen Scheidewände entfernen. Schote abspülen, abtropfen lassen und in feine Streifen schneiden.

Fertigstellung am Montag

4. Den Backofen vorheizen.
Ober-/Unterhitze: etwa 240 °C
Heißluft: etwa 220 °C
(Wenn Sie das Gericht außerhalb der Reihe und nicht als Meal Prep zubereiten, können Sie den Schritt 4 überspringen.)

5. Den gegangenen Teig aus der Schüssel nehmen, zu einer glatten Kugel formen, mit den Händen auf einem Backblech (30 x 40 cm, mit Backpapier belegt) möglichst dünn ausrollen.

6. Den Teig mit der Tomatensauce bestreichen, mit Paprikastreifen, Mais und Salamischeiben belegen, mit Käse bestreuen. Das Backblech in den vorgeheizten Backofen schieben. Die Pizza in etwa 10 Minuten fertig backen.

Tipp:
Noch knuspriger wird die Pizza, wenn Sie sie noch etwa 5 Minuten länger backen.

Polenta-Pommes mit Lachs und Möhrensalat

Backzeit am Dienstag: etwa 13 Minuten

Zutaten für 4 Portionen

Zutaten für die Vorbereitung am Sonntag:
Salz
75 g Butter
150 g Polenta
50 g Parmesan
gem. Pfeffer
1 kleine Knoblauchzehe
1 EL flüssiger Honig
2 EL heller Essig
2 TL Sojasauce
300 g Möhren
1 Frühlingszwiebel
50 g Delikatessmayonnaise
80 g Joghurt (3,5 % Fett)
2 Prisen Zucker

Zutaten für die Fertigstellung am Dienstag:
4 Stücke Lachsfilet (etwa 500 g)

Pro Portion:
E: 34 g, F: 48 g, Kh: 36 g, kcal: 719

Vorbereitung am Sonntag
(siehe S. 81, 82)

1. Für die Polenta-Pommes mit Lachs 450 ml Wasser, ½ Teelöffel Salz und Butter in einem Topf zum Kochen bringen. Dann Polenta einrühren und bei schwacher Hitze unter Rühren etwa 10 Minuten kochen lassen. Parmesan reiben, unterheben und mit ⅓ Teelöffel Pfeffer würzen. Eine Auflaufform mit Backpapier auslegen, Polenta hineingeben.

2. Für die Lachs-Marinade die Knoblauchzehe abziehen und sehr fein würfeln. Mit 2 Messerspitzen Pfeffer, Honig, 1 Esslöffel Essig und Sojasauce vermengen.

3. Für den Möhrensalat Möhren putzen, schälen, abspülen, abtropfen lassen und in feine Streifen schneiden. Frühlingszwiebel putzen, abspülen, abtropfen lassen und in feine Ringe schneiden. Das Gemüse mit Mayonnaise und Joghurt in einer Schüssel verrühren und mit ⅓ Teelöffel Salz, 3 Prisen Pfeffer, 1 Esslöffel Essig und Zucker abschmecken.

Fertigstellung am Dienstag

4. Den Backofen vorheizen.
Ober-/Unterhitze: etwa 240 °C
Heißluft: etwa 220 °C

5. Polenta in etwa 1 cm breite Pommes schneiden und auf einem Backblech (mit Backpapier belegt) verteilen. Das Backblech in den vorgeheizten Backofen schieben. Polenta-Pommes in etwa 13 Minuten fertig backen.

6. Lachsfilets mit Küchenpapier abtupfen und von allen Seiten mit der Marinade einreiben. Etwa 7 Minuten vor Ende der Backzeit der Polenta-Pommes die Lachsfilets mit auf das Backblech geben und in etwa 7 Minuten fertig backen.

7. Polenta-Pommes und Lachs mit Möhrensalat servieren.

Eier mit Senfsauce und Backkartoffeln

Backzeit am Mittwoch: etwa 15 Minuten

Vegetarisch

Zutaten für 4 Portionen

Zutaten für die Vorbereitung am Sonntag:

8 festkochende Kartoffeln (je etwa 180 g)
4 Eier (Größe M)
2 EL Butter (etwa 50 g)
2 EL Weizenmehl (25 g)
1 TL Instant-Gemüsebrühe
50 ml Milch (3,5 % Fett)
2 EL mittelscharfer Senf

Zutaten für die Fertigstellung am Mittwoch:

1 kleines Kästchen Kresse

Pro Portion:

E: 16 g, F: 17 g, Kh: 8 g, kcal: 486

Vorbereitung am Sonntag

(siehe S. 81, 82)

1. Den Backofen vorheizen.
Ober-/Unterhitze: etwa 220 °C
Heißluft: etwa 200 °C

2. Backkartoffeln gründlich waschen, evtl. abbürsten, abtrocknen, einzeln in Alufolie wickeln und auf dem Rost in den vorgeheizten Backofen schieben. Die Kartoffeln in etwa 60 Minuten gar backen. Die Kartoffeln erkalten lassen.

3. Eier in einen Topf geben, zu drei Viertel mit Wasser angießen, zugedeckt zum Kochen bringen und in etwa 8 Minuten hart kochen. Dann die Eier aus dem Wasser nehmen.

4. Für die Senfsauce 300 ml Wasser im Wasserkocher erhitzen. Butter in einem Topf bei mittlerer Hitze zerlassen. Topf von der Kochstelle nehmen, Mehl mit dem Schneebesen einrühren und glatt rühren. Instant-Gemüsebrühe mit dem kochenden Wasser aufgießen, vermengen und nach und nach zum Mehl geben. Milch unterrühren. Den Topf wieder auf die Kochstelle stellen und die Sauce einmal aufkochen lassen. Dann den Senf unterrühren, mit Salz abschmecken.

Fertigstellung am Mittwoch

5. Den Backofen vorheizen.
Ober-/Unterhitze: etwa 220 °C
Heißluft: etwa 200 °C

6. Die Ofenkartoffeln auf einem Backblech verteilen. Das Backblech in den vorgeheizten Backofen schieben. Die Ofenkartoffeln nochmals in etwa 15 Minuten aufbacken.
(Wenn Sie das Gericht außerhalb der Reihe und nicht als Meal Prep zubereiten, können Sie die Schritte 5–6 überspringen.)

7. 150 ml Wasser zur Senfsauce hinzugeben und zugedeckt bei starker Hitze erwärmen, dabei gelegentlich umrühren. Die Eier pellen, in die Sauce geben und die Kochstelle herunterschalten (mittlere Hitze). Die Kresse vom Beet schneiden, abspülen und trocken tupfen.

8. Die Ofenkartoffeln auf Tellern verteilen, mit der Senfsauce und den Eiern anrichten und mit Kresse bestreut servieren.

One-Pot-Penne mit Paprika-Salami-Sauce

Garzeit am Donnerstag:
etwa 12 Minuten

Zutaten für 4 Portionen

Zutaten für die Vorbereitung am Sonntag:
2 rote Paprikaschoten
2 Knoblauchzehen
2 EL Olivenöl

Zutaten für die Fertigstellung am Donnerstag:
500 ml passierte Tomaten
(aus dem Tetra Pak®)
1/2 gestr. TL Salz
1 Prise Zucker
2 EL Paprikapulver edelsüß
3 TL Instant-Gemüsebrühe
400 g Penne
50 g Salami, in Scheiben
50 g Parmesan

Pro Portion:
E: 22 g, F: 15 g, Kh: 80 g, kcal: 554

Vorbereitung am Sonntag

(siehe S. 81, 82)

1. Den Backofen vorheizen.
Ober-/Unterhitze: etwa 220 °C
Heißluft: etwa 200 °C

2. Paprikaschoten halbieren, entstielen, entkernen und die weißen Scheidewände entfernen. Schoten abspülen, abtropfen lassen und in feine Streifen schneiden. Paprikastreifen auf einem Backblech (mit Backpapier belegt) verteilen.

3. Knoblauchzehen abziehen, halbieren und ebenfalls auf dem Backblech verteilen. Paprikastreifen und Knoblauch mit Olivenöl vermengen. Das Backblech in den vorgeheizten Backofen schieben. Paprikastreifen etwa 15 Minuten backen.

Fertigstellung am Donnerstag

4. Paprikastreifen mit den passierten Tomaten in einen Topf geben. Mit Salz, Zucker, Paprikapulver und Instant-Gemüsebrühe würzen. Penne daraufgeben. 500 ml kochendes Wasser hinzugießen, wieder zum Kochen bringen und bei starker Hitze zugedeckt etwa 12 Minuten kochen lassen, dabei immer wieder umrühren.

5. In der Zwischenzeit die Salamischeiben in Stücke schneiden und den Parmesan grob reiben.

6. Pasta vorsichtig vermengen und auf Tellern verteilen, Salamistücke daraufgeben und mit Parmesan bestreut servieren.

Spinat-Bulgur mit Spiegelei

Garzeit am Freitag: 13–14 Minuten

Vegetarisch

Zutaten für 4 Portionen

Zutaten für die Vorbereitung am Sonntag:
2 rote Paprikaschoten
350 g Cocktailtomaten
2 Knoblauchzehen
3 Stängel Rosmarin
2 EL Olivenöl

Zutaten für die Fertigstellung am Freitag:
200 g Bulgur
200 g TK-Spinat
3 EL heller Essig
3 EL Olivenöl
Salz
gem. Pfeffer
4 Eier (Größe M)

Pro Portion:
E: 14 g, F: 19 g, Kh: 40 g, kcal: 404

Vorbereitung am Sonntag

(siehe S. 82)

1. Den Backofen vorheizen.
Ober-/Unterhitze: etwa 220 °C
Heißluft: etwa 200 °C

2. Paprikaschoten halbieren, entstielen, entkernen und die weißen Scheidewände entfernen. Schoten abspülen, abtropfen lassen und in feine Streifen schneiden. Paprikastreifen auf einem Backblech (mit Backpapier belegt) verteilen.

3. Tomaten abspülen, trocken tupfen, halbieren und die Stängelansätze herausschneiden. Knoblauch abziehen und halbieren. Rosmarin abspülen und trocken tupfen. Das vorbereitete Gemüse auf einem Backblech (mit Backpapier belegt) verteilen und mit 2 Esslöffeln Olivenöl vermischen. Das Backblech in den vorgeheizten Backofen schieben. Paprikastreifen mit den Tomatenhälften und Knoblauch etwa 15 Minuten backen.

4. Ofengemüse herausnehmen. Die Rosmarinnadeln mit einer Gabel oder der Hand von den Stängeln streifen und wieder zum Ofengemüse geben.

Fertigstellung am Freitag

5. Den Bulgur mit dem gefrorenen Spinat in einem Topf mit 400 ml Wasser zugedeckt zum Kochen bringen und bei schwacher Hitze etwa 10 Minuten garen.

6. Spinat-Bulgur mit dem Ofengemüse in einer Schüssel vermengen, Essig und 2 Esslöffel Olivenöl untermischen. Mit 1 Teelöffel Salz und 4 Prisen Pfeffer abschmecken.

7. In der Zwischenzeit restliches Olivenöl in einer großen Pfanne erhitzen. Die Eier vorsichtig aufschlagen und nebeneinander in dem heißen Olivenöl in 3–4 Minuten ausbraten. Den Spinat-Tomaten-Bulgur auf Tellern verteilen und mit den Spiegeleiern servieren.

WOCHE 6

MONTAG

Pitataschen mit Hackbällchen und Krautsalat

DIENSTAG

Vegetarisches Chili mit Ciabatta und Schmand

MITTWOCH

Hackbällchen-Pfanne mit Couscous

DONNERSTAG

Mie-Nudeln mit Asia-Kraut und Garnelen

FREITAG

Nudelnester mit Apfel-Möhren-Rohkost

MO

DI

MI

DO

FR

Einkaufsliste Woche 6

Obst, Gemüse, Kräuter:

1 kleiner Rotkohl (etwa 600 g)
150 g Salatgurke
3 mittelgroße Zwiebeln
5 Knoblauchzehen
1 milde Peperoni
3 Frühlingszwiebeln
350 g Möhren
1 Apfel
1 große Limette

Frische Produkte (Kühltheke):

800 g Hackfleisch
(halb Rind-/halb Schweinefleisch)
150 g Joghurt (3,5 % Fett)
4 EL Schmand
(Sauerrahm, etwa 80 g)
175 g Schlagsahne
200 g küchenfertige Garnelen

Ungekühlte Lebensmittel:

50 g Semmelbrösel
6 Pitataschen
150 g Sojahack
1,6 kg stückige Tomaten
(aus der Dose)
400 g Kidneybohnen
(Abtropfgewicht, aus der Dose)
400 g Gemüsemais
(Abtropfgewicht, aus der Dose)
20 g Tomatenmark
1 Aufback-Ciabatta
200 g Spaghetti
250 g Mie-Nudeln
200 g Couscous
40 g geröstete, gesalzene
Erdnusskerne
4 Eier (Größe L)

Gewürze:

3 TL Instant-Gemüsebrühe
3 TL Kakaopulver, schwach entölt
1 1/2 TL gem. Kreuzkümmel
(Cumin)
1 1/2 TL gem. Zimt
1 TL gerebelter Oregano
1 TL Currypaste
2 EL geröstetes Sesamöl

Vorbereitung am Sonntag Woche 6

Für das **vegetarische Chili mit Ciabatta und Schmand** und die **Nudelnester mit Apfel-Möhren-Rohkost** Sojahack in eine Schüssel geben. Instant-Gemüsebrühe mit 400 ml kochendem Wasser auflösen, zum Sojahack geben und zugedeckt etwa 10 Minuten ziehen lassen. Dann in einem Sieb gut abtropfen lassen und Sojahack kräftig ausdrücken.
In der Zwischenzeit 2 mittelgroße Zwiebeln und 2 Knoblauchzehen abziehen. Zwiebeln halbieren und fein würfeln, Knoblauch durch eine Knoblauchpresse drücken. Peperoni halbieren, entstielen, entkernen und die weißen Scheidewände entfernen und die Peperoni fein hacken. 3 Esslöffel Rapsöl in einem Topf erhitzen, Zwiebelwürfel und 2 Knoblauchzehen darin etwa 2 Minuten scharf anbraten. Dann Sojahack hinzugeben und weitere etwa 3 Minuten unter Rühren anbraten. 1,2 kg stückige Tomaten und 400 ml Wasser hinzugeben. Kidneybohnen und Mais abspülen, abtropfen lassen und ebenfalls in den Topf zum Chili geben. Kakao-

pulver, Kreuzkümmel, Zimt und 1 Teelöffel Salz hinzugeben, zum Kochen bringen und zugedeckt etwa 30 Minuten kochen lassen.

Für die **Nudelnester mit Apfel-Möhren-Rohkost** 200 g Chili abnehmen und beiseitestellen.

Für das **vegetarische Chili mit Ciabatta und Schmand** das restliche Chili zugedeckt in den Kühlschrank stellen.

Für die **Nudelnester mit Apfel-Möhren-Rohkost** Wasser in einem großen Topf zugedeckt zum Kochen bringen. Dann Salz und Spaghetti hinzugeben. Die Nudeln im geöffneten Topf bei mittlerer Hitze nach Packungsanleitung bissfest kochen,

dabei gelegentlich umrühren. Anschließend die Nudeln in ein Sieb geben und mit heißem Wasser abspülen. Die Spaghetti mit einer Gabel zu Nestern aufdrehen und in die Mulden einer Muffinform (für 12 Muffins, gefettet) setzen. 200 g Chili in den Nestern verteilen, abkühlen lassen und die Muffinform zugedeckt im Kühlschrank lagern.

Für die **Pitataschen mit Hackbällchen und Krautsalat** und die **Hackbällchen-Pfanne mit Couscous** 1 Zwiebel und 2 Knoblauchzehen abziehen, Zwiebel halbieren und fein würfeln,

Knoblauch durch eine Knoblauchpresse drücken. Zwiebelwürfel und Knoblauch mit dem Hackfleisch und den Semmelbröseln in eine Schüssel geben. 1 ½ Teelöffel Salz hinzufügen, kräftig mit Pfeffer würzen. Die Zutaten miteinander gut vermengen. Aus der Masse mit angefeuchteten Händen 26 Hackbällchen formen.
Die Hackbällchen in 2 Pfannen in je 1 Esslöffel Rapsöl bei mittlerer Hitze etwa 10 Minuten von allen Seiten braun anbraten. Das verbliebene Speiseöl auffangen und in einen Topf geben, die Hackbällchen in ein Gefäß geben und zugedeckt im Kühlschrank aufbewahren.
Für die Tomatensauce für die **Hackbällchen-Pfanne mit Couscous** Tomatenmark, 400 g stückige Tomaten, 100 g Sahne, Oregano, 1 Teelöffel Zucker, ½ Teelöffel Salz und 2 kräftige Prisen Pfeffer in den Topf zum Speiseöl geben, unter Rühren zum Kochen bringen und ohne Deckel 5–8 Minuten kochen lassen.
Die Sauce heiß in ein vorbereitetes Schraub- oder Einmachglas füllen und sofort verschließen. Abkühlen lassen und im Kühlschrank oder Keller aufbewahren.

Für die **Pitataschen mit Hackbällchen und Krautsalat** und die **Mie-Nudeln mit Asia-Kraut und Garnelen** den Rotkohl abspülen, abtrocknen lassen, halbieren und den Strunk herausschneiden. Rotkohl in Streifen hobeln. 1 Teelöffel

Salz hinzugeben und kräftig mit den Händen verkneten (Handschuhe tragen!)

Für die **Pitataschen mit Hackbällchen und Krautsalat** 200 g Rotkohlstreifen abnehmen, in ein Gefäß füllen und zugedeckt im Kühlschrank ziehen lassen.

Für die **Mie-Nudeln mit Asia-Kraut und Garnelen** mit dem restlichen Kohl ebenso verfahren.

Für die **Pitataschen mit Hackbällchen und Krautsalat** 1 Knoblauchzehe abziehen und durch eine Knoblauchpresse drücken. Joghurt mit dem Knoblauch vermengen und in den Kühlschrank stellen.

Für die **Mie-Nudeln mit Asia-Kraut und Garnelen** den Saft von 1 großen Limette auspressen, mit Currypaste und 1/4 Teelöffel Salz vermengen und in den Kühlschrank stellen.

Letzte Schritte Montag bis Freitag

Am Montag: Durchführung der Schritte 4–6 zur Fertigstellung des Gerichts „Pitataschen mit Hackbällchen und Krautsalat“ (s. Seite 100).

Am Dienstag: Durchführung der Schritte 4–5 zur Fertigstellung des Gerichts „Vegetarisches Chili mit Ciabatte und Schmand“ (s. Seite 102).

Am Mittwoch: Durchführung des Schritts 4 zur Fertigstellung des Gerichts „Hackbällchen-Pfanne mit Couscous“ (s. Seite 104).

Am Donnerstag: Durchführung der Schritte 3–4 zur Fertigstellung des Gerichts „Mie-Nudeln mit Asia-Kraut und Garnelen“ (s. Seite 106).

Am Freitag: Durchführung der Schritte 6–8 zur Fertigstellung des Gerichts „Nudelnester mit Apfel-Möhren-Rohkost“ (s. Seite 108).

Pitataschen mit Hackbällchen und Krautsalat

Zutaten für 4 Portionen

Zutaten für die Vorbereitung am Sonntag:
1/2 Zwiebel
2 Knoblauchzehen
400 g Hackfleisch
(halb Rind-/halb Schweinefleisch)
25 g Semmelbrösel
Salz
gem. schwarzer Pfeffer
1 EL Rapsöl
200 g Rotkohl
150 g Joghurt (3,5 % Fett)

Zutaten für die Fertigstellung am Montag:
150 g Salatgurke
6 Pitataschen

Pro Portion:
E: 32 g, F: 25 g, Kh: 57 g, kcal: 585

Vorbereitung am Sonntag

(siehe S. 98, 99)

1. Zwiebelhälfte und Knoblauch abziehen. Zwiebelhälfte fein würfeln, Knoblauch durch eine Knoblauchpresse drücken. Zwiebelwürfel und 1 Knoblauchzehe mit dem Hackfleisch und den Semmelbröseln in eine Schüssel geben, mit Salz und Pfeffer würzen. Die Zutaten miteinander gut vermengen. Aus der Masse mit angefeuchteten Händen 14 Hackbällchen formen.

2. Rapsöl in einer Pfanne erhitzen. Die Hackbällchen darin bei mittlerer Hitze etwa 10 Minuten von allen Seiten braun anbraten.

3. Rotkohl abspülen, abtrocknen, halbieren und den Strunk herausschneiden. Rotkohl in Streifen hobeln. 1/4 Teelöffel Salz hinzugeben und kräftig mit den Händen verkneten (Handschuhe tragen!). Im Kühlschrank zugedeckt ziehen lassen. Restlichen Knoblauch mit Joghurt vermengen.

Fertigstellung am Montag

4. Hackbällchen in einer Pfanne ohne Fett erwärmen.

5. In der Zwischenzeit Gurke abspülen, abtrocknen und die Enden abschneiden. Gurke in feine Scheiben schneiden.

6. Pitataschen nach Packungsanleitung auftoasten, öffnen und mit dem Joghurtdip ausstreichen. Rotkohlstreifen und Gurkenscheiben hineinfüllen. Hackbällchen in Scheiben schneiden, ebenfalls in die Pitataschen geben und servieren.

Vegetarisches Chili mit Ciabatta und Schmand

Vegetarisch

Zutaten für 4 Portionen

Zutaten für die Vorbereitung am Sonntag:
100 g Sojahack
2 TL Instant-Gemüsebrühe
1 mittelgroße Zwiebel
1 Knoblauchzehe
2/3 milde Peperoni
2 EL Rapsöl
800 g stückige Tomaten (aus der Dose)
270 g abgetropfte Kidneybohnen (Abtropfgewicht, aus der Dose)
270 g abgetropfter Gemüsemais (Abtropfgewicht, aus der Dose)
2 TL Kakaopulver, schwach entölt
1/2 TL gem. Kreuzkümmel (Cumin)
1/2 TL gem. Zimt
2/3 TL Salz

Zutaten für die Fertigstellung am Dienstag:
1 Aufback-Ciabatta
4 EL Schmand (Sauerrahm)

Pro Portion:
E: 30 g, F: 13 g, Kh: 68 g, kcal: 554

Vorbereitung am Sonntag

(siehe S. 97)

1. Sojahack in eine Schüssel geben. Instant-Gemüsebrühe mit 270 ml kochendem Wasser auflösen, zum Sojahack geben und zugedeckt etwa 10 Minuten ziehen lassen. Dann in einem Sieb gut abtropfen lassen und Sojahack kräftig ausdrücken.

2. In der Zwischenzeit Zwiebel und Knoblauch abziehen, Zwiebeln halbieren und fein würfeln, Knoblauch durch eine Knoblauchpresse drücken. Peperoni halbieren, entstielen, entkernen und die weißen Scheidewände entfernen und die Peperoni fein hacken.

3. Rapsöl in einem Topf erhitzen. Zwiebelwürfel und Knoblauch darin etwa 2 Minuten scharf anbraten. Sojahack hinzugeben und etwa 3 Minuten unter Rühren anbraten.

4. Tomatenstücke und 270 ml Wasser hinzugeben. Kidneybohnen und Mais abspülen, abtropfen lassen und ebenfalls in den Topf zum Chili geben. Kakaopulver, gemahlenen Kreuzkümmel, gemahlenen Zimt und Salz hinzugeben, zum Kochen bringen und zugedeckt etwa 30 Minuten kochen lassen.

Fertigstellung am Dienstag

5. Chili zugedeckt aufkochen, dabei gelegentlich umrühren und bei mittlerer Hitze heiß werden lassen. Das Ciabatta nach Packungsanleitung im Backofen aufbacken. (Wenn Sie das Gericht außerhalb der Reihe und nicht als Meal Prep zubereiten, können Sie den Schritt 5 überspringen.)

6. Chili in Schalen verteilen, mit einem Klecks Schmand und Ciabatta servieren.

Hackbällchen-Pfanne mit Couscous

Garzeit am Mittwoch:
etwa 12 Minuten

Zutaten für 4 Portionen

Zutaten für die Vorbereitung am Sonntag:
1/2 Zwiebel
1 Knoblauchzehe
400 g Hackfleisch (halb Rind-/ halb Schweinefleisch)
25 g Semmelbrösel
Salz
gem. schwarzer Pfeffer
1 EL Rapsöl
20 g Tomatenmark
400 g stückige Tomaten (aus der Dose)
100 g Schlagsahne
1 TL gerebelter Oregano
1 TL Zucker
1/2 TL Salz
2 kräftige Prisen gem. Pfeffer

Zutaten für die Fertigstellung am Mittwoch:
200 g Couscous

Pro Portion:
E: 28 g, F: 28 g, Kh: 43 g, kcal: 545

Vorbereitung am Sonntag

(siehe S. 98)

1. Zwiebelhälfte und Knoblauch abziehen, Zwiebelhälfte fein würfeln, Knoblauch durch eine Knoblauchpresse drücken. Zwiebelwürfel und Knoblauch mit dem Hackfleisch und den Semmelbröseln in eine Schüssel geben, mit Salz und Pfeffer würzen. Die Zutaten miteinander gut vermengen. Aus der Masse mit angefeuchteten Händen 12 Hackbällchen formen.

2. Rapsöl in einer Pfanne erhitzen. Die Hackbällchen darin bei mittlerer Hitze etwa 10 Minuten von allen Seiten braun anbraten. Hackbällchen aus der Pfanne nehmen und beiseitestellen.

3. Tomatenmark, stückige Tomaten, Sahne, Oregano, Zucker, Salz und Pfeffer in die Pfanne geben, unter Rühren zum Kochen bringen und 5–8 Minuten ohne Deckel kochen lassen.

Fertigstellung am Mittwoch

4. Couscous in eine Schüssel geben, mit 400 ml kochendem Wasser übergießen und zugedeckt etwa 10 Minuten quellen lassen. In der Zwischenzeit die Hackbällchen in die Tomatensauce legen und unter gelegentlichem Wenden erwärmen. Hackbällchen-Pfanne mit dem Couscous servieren.

Tipp:
Wenn Saucen-Fans mit am Tisch sitzen, können Sie auch weitere 400 g stückige Tomaten (aus der Dose) hinzufügen.

Mie-Nudeln mit Asia-Kraut und Garnelen

Garzeit am Donnerstag: etwa 10 Minuten

Zutaten für 4 Portionen

Zutaten für die Vorbereitung am Sonntag:
400 g Rotkohl
Salz
1 große Limette
1 TL Currypaste

Zutaten für die Fertigstellung am Donnerstag:
250 g Mie-Nudeln
3 Frühlingszwiebeln
200 g küchenfertige Garnelen
40 g geröstete, gesalzene Erdnusskerne
2 EL geröstetes Sesamöl

Pro Portion:
E: 22 g, F: 13 g, Kh: 49 g, kcal: 413

Vorbereitung am Sonntag

(siehe S. 98, 99)

1. Rotkohl abspülen, abtrocknen lassen, halbieren und den Strunk herausschneiden. Rotkohl in Streifen hobeln. ¾ Teelöffel Salz hinzugeben und kräftig mit den Händen verkneten (Handschuhe tragen!) und ziehen lassen.

2. Von der Limette den Saft auspressen, mit Currypaste und ¼ Teelöffel Salz vermengen.

Fertigstellung am Donnerstag

3. Nudeln in kleine Stücke brechen, in eine Schale füllen, mit reichlich kochendem Wasser übergießen und etwa 10 Minuten ziehen lassen. In der Zwischenzeit Frühlingszwiebeln putzen, abspülen, abtropfen lassen und in feine Ringe schneiden. Garnelen aus der Packung nehmen und abtropfen lassen. Erdnusskerne grob hacken.

4. Die Mie-Nudeln abgießen, mit Sesamöl, Currydressing, Frühlingszwiebelringen und Krautsalat vermengen, auf Tellern verteilen. Garnelen darauf anrichten und mit Erdnusskernen bestreut servieren.

Nudelnester mit Apfel-Möhren-Rohkost

Backzeit am Freitag: etwa 15 Minuten

Vegetarisch

Zutaten für 4 Portionen

Zutaten für die Vorbereitung am Sonntag:
50 g Sojahack
1 TL Instant-Gemüsebrühe
1 mittelgroße Zwiebel
1 Knoblauchzehe
1/3 milde Peperoni
1 EL Rapsöl
400 g stückige Tomaten (aus der Dose)
130 g abgetropfte Kidneybohnen (Abtropfgewicht, aus der Dose)
130 g abgetropfter Gemüsemais (Abtropfgewicht, aus der Dose)
1 TL Kakaopulver schwach entölt
1 TL gem. Kreuzkümmel (Cumin)
1/2 TL gem. Zimt, 1/3 TL Salz
200 g Spaghetti

Zutaten für die Fertigstellung am Freitag:
4 Eier (Größe L)
75 g Schlagsahne
Salz, gem. Pfeffer
350 g Möhren
1 Apfel
2 EL Olivenöl, 1 EL heller Essig

Pro Portion:
E: 27 g, F: 23 g, Kh: 61 g, kcal: 582

Vorbereitung am Sonntag

(siehe S. 97)

1. Sojahack in eine Schüssel geben. Instant-Gemüsebrühe mit 130 ml kochendem Wasser auflösen, zum Sojahack geben und zugedeckt etwa 10 Minuten ziehen lassen. Dann in einem Sieb gut abtropfen lassen und Sojahack kräftig ausdrücken.

2. In der Zwischenzeit 1 mittelgroße Zwiebel und 1 Knoblauchzehe abziehen. Zwiebel halbieren und fein würfeln, Knoblauch durch eine Knoblauchpresse drücken. Peperoni halbieren, entstielen, entkernen und die weißen Scheidewände entfernen und die Peperoni fein hacken.

3. Einen Esslöffel Rapsöl in einem Topf erhitzen, Zwiebelwürfel und Knoblauchzehe darin etwa 2 Minuten scharf anbraten. Dann Sojahack hinzugeben und weitere etwa 3 Minuten unter Rühren anbraten.

4. Stückige Tomaten und 130 ml Wasser hinzugeben. Kidneybohnen und Mais abspülen, abtropfen lassen und ebenfalls in den Topf geben. Kakaopulver, gemahlenen Kreuzkümmel, gemahlenen Zimt und Salz hinzugeben, zum Kochen bringen und zugedeckt etwa 30 Minuten kochen.

5. Wasser in einem großen Topf zugedeckt zum Kochen bringen. Dann Salz und Spaghetti hinzugeben. Die Nudeln im geöffneten Topf bei mittlerer Hitze nach Packungsanleitung bissfest kochen, dabei gelegentlich umrühren. Die Nudeln in ein Sieb geben und mit heißem Wasser abspülen. Nudeln mit einer Gabel zu Nestern aufdrehen und in die Mulden einer Muffinform (für 12 Muffins, gefettet) setzen. Chili in den Nestern verteilen.

Fertigstellung am Freitag

6. Den Backofen vorheizen.
Ober-/Unterhitze: etwa 220 °C
Heißluft: nicht empfehlenswert

7. Eier mit Sahne verschlagen, mit Salz und Pfeffer würzen. Eiersahne auf den Nudelnestern verteilen. Die Form auf dem Rost in den vorgeheizten Backofen schieben. Die Nudelnester etwa 15 Minuten backen.

8. Inzwischen Möhren putzen, schälen, abspülen, abtropfen lassen und grob raspeln. Apfel vierteln, entkernen und ebenfalls grob raspeln. Mit Olivenöl und Essig in einer Schüssel vermengen, mit Salz und Pfeffer abschmecken. Nudelnester mit dem Apfel-Möhren-Salat servieren.

WOCHE 7

MONTAG

Schweinegeschnetzeltes mit Gemüse und Semmelknödeln

DIENSTAG

Reis mit Peperonata, Brokkoli und Feta

MITTWOCH

Gyros mit Zaziki und Gewürzbaguette

DONNERSTAG

Semmelknödel mit Spiegelei und Peperonata

FREITAG

Kartoffel-Kohlrabi-Gratin mit Lachs

MO

DI

MI

DO

FR

Einkaufsliste Woche 7

Obst, Gemüse, Kräuter:

6 Paprikaschoten (etwa 1,2 kg)
1 Brokkoli (etwa 500 g)
2 rote Zwiebeln
2 Zwiebeln
5 Knoblauchzehen
1 Salatgurke
6 Stängel Dill
400 g Tomaten
500 g festkochende Kartoffeln
1 Kohlrabi (etwa 500 g)

Frische Produkte (Kühltheke):

600 g Schweinegeschnetzeltes
300 g Schlagsahne
8 Eier (Größe M)
290 g Butter
250 ml Milch (3,5 % Fett)
800 g Gyros (mariniertes Schweinefleisch, vom Metzger oder aus der Fleischtheke)
250 g Speisequark (20 % Fett)
200 g griechischer Joghurt
200 g Fetakäse
100 g ger. Gouda

Tiefkühlprodukte:

4 TK-Lachsfiletstreifen (etwa 500 g)
50 g TK-Petersilie

Ungekühlte Lebensmittel:

7 Weizenbrötchen
200 g Basmatireis
1 Aufback-Baguette

Gewürze:

1 TL Paprikapulver edelsüß

Vorbereitung am Sonntag Woche 7

Für das **Schweinegeschnetzelte mit Gemüse und Semmelknödeln** und die **Semmelknödel mit Spiegelei und Peperonata** die Knödel zubereiten. Hierfür 1 Zwiebel abziehen und fein hacken. Die 7 Weizenbrötchen würfeln. Brötchen mit 50 g tiefgekühlter Petersilie, 1 Teelöffel Salz und 4 Prisen Pfeffer in einer Schüssel vermengen. 40 g Butter in einer Pfanne erhitzen. Zwiebel darin bei mittlerer Hitze 2–3 Minuten anschwitzen. 250 ml Milch hinzugeben und 1–2 Minuten erhitzen. Die heiße Masse zu den Brötchen geben und vermengen. Etwa 30 Minuten quellen lassen.

Den Backofen vorheizen.
Ober-/Unterhitze: etwa 200 °C
Heißluft: nicht empfehlenswert

Während der Quellzeit der Semmelmasse für das **Kartoffel-Kohlrabi-Gratin mit Lachs** den Kohlrabi und die Kartoffeln schälen und in feine Scheiben hobeln. Gemüse abwechselnd in eine Auflaufform (etwa 17 x 23 cm, gefettet) schichten.

200 ml Sahne mit 1 Teelöffel Salz und ⅓ Teelöffel Pfeffer vermengen und über das Gratin gießen.

Für das **Schweinegeschnetzelte mit Gemüse und Semmelknödeln** und die **Semmelknödel mit Spiegelei und Peperonata** 4 Eier aufschlagen und unter die gequollene Semmelmasse rühren. Mit angefeuchteten Händen 12 Knödel formen und diese in die Mulden einer Muffinform (für 12 Muffins, gefettet) setzen.

Für das **Schweinegeschnetzelte mit Gemüse und Semmelknödeln** und die **Semmelknödel mit Spiegelei und Peperonata** die Muffinform zusammen mit der Auflaufform in den vorgeheizten Backofen schieben. Die Semmelknödel etwa 20 Minuten backen. Knödel vollständig auskühlen lassen, aus der Form lösen, in ein Gefäß geben und abgedeckt im Kühlschrank aufbewahren.

Das Gratin für das **Kartoffel-Kohlrabi-Gratin mit Lachs** etwa 45 Minuten backen. Komplett auskühlen lassen und abgedeckt im Kühlschrank aufbewahren.

Für **Reis mit Peperonata, Brokkoli und Feta** und **Semmelknödel mit Spiegelei und Peperonata** die Peperonata vorbereiten. Hierfür die Tomaten abspülen, abtrocknen, halbieren, die Stängelansätze herausschneiden und grob würfeln. 5 Paprikaschoten halbieren, entstielen, entkernen, die weißen Scheidewände entfernen. Schoten abspülen, abtropfen lassen und sehr fein würfeln. Die roten Zwiebeln abziehen, halbieren und fein hacken. 2 Knoblauchzehen abziehen und durch eine Knoblauchpresse drücken. 4 Esslöffel Olivenöl in einem großen Topf erhitzen und Zwiebeln und Knoblauch darin etwa 2 Minuten scharf anbraten. Paprika, Tomaten und 1 Teelöffel Salz hinzugeben und etwa 30 Minuten bei geschlossenem Deckel köcheln lassen. Dabei gelegentlich umrühren. Mit Salz abschmecken und sofort heiß in 2 sterilisierte Schraub- oder Einmachgläser abfüllen.

Für das **Schweinegeschnetzelte mit Gemüse und Semmelknödeln** 1 Paprikaschote halbieren, entstielen, entkernen, die weißen Scheidewände entfernen. Schote abspülen, abtropfen lassen und in Streifen schneiden. Den Brokkoli in Röschen teilen, abspülen, abtropfen lassen und in einem großen Topf mit siedendem Wasser 3–4 Minuten blanchieren. Anschließend in eine Schüssel mit eiskaltem Wasser abgießen, dann abtropfen lassen.

Paprikastreifen und die Hälfte des Brokkolis in ein Gefäß füllen und luftdicht verschlossen im Kühlschrank aufbewahren.

Restlichen Brokkoli für den **Reis mit Peperonata, Brokkoli und Feta** ebenfalls abgedeckt im Kühlschrank aufbewahren.

---

1 Zwiebel für das **Schweinegeschnetzelte mit Gemüse und Semmelknödeln** abziehen, fein hacken und ebenfalls luftdicht verschlossen im Kühlschrank aufbewahren.

Für das **Gyros mit Zaziki und Gewürzbaguette** die Salatgurke abspülen, längs halbieren und mit einem Teelöffel die Kerne herauskratzen und in feine Scheiben schneiden. 2 Knoblauchzehen

abziehen und durch eine Knoblauchpresse drücken. Mit dem Quark, dem griechischen Joghurt und 1 Teelöffel Salz in einer Schüssel vermengen. Abfüllen und abgedeckt in den Kühlschrank stellen. Gurke ebenfalls luftdicht verschlossen im Kühlschrank aufbewahren.

Für die Gewürzbutter 1 Knoblauchzehe abziehen und durch eine Knoblauchpresse drücken. Mit 250 g weicher Butter und 1 Teelöffel Paprikapulver edelsüß vermengen und abgedeckt im Kühlschrank aufbewahren.

Letzte Schritte Montag bis Freitag

Am Montag: Durchführung des Schritts 5 zur Fertigstellung des Gerichts „Schweinegeschnetzeltes mit Gemüse und Semmelknödeln" (s. Seite 116).

Am Dienstag: Durchführung des Schritts 4 zur Fertigstellung des Gerichts „Reis mit Peperonata, Brokkoli und Feta" (s. Seite 118).

Am Mittwoch: Durchführung der Schritte 3–5 zur Fertigstellung des Gerichts „Gyros mit Zaziki und Gewürzbaguette" (s. Seite 120).

Am Donnerstag: Durchführung der Schritte 6–7 zur Fertigstellung des Gerichts „Semmelknödel mit Spiegelei und Peperonata" (s. Seite 122).

Am Freitag: Durchführung der Schritte 4–6 zur Fertigstellung des Gerichts „Kartoffel-Kohlrabi-Gratin mit Lachs" (s. Seite 124).

Schweinegeschnetzeltes mit Gemüse und Semmelknödeln

Garzeit am Montag: 10–13 Minuten

Zutaten für 4 Portionen

Zutaten für die Vorbereitung am Sonntag:
1 1/2 Zwiebeln
3 1/2 Weizenbrötchen vom Vortag
25 g TK-Petersilie
1/2 TL Salz
2 Prisen gem. Pfeffer
20 g Butter
125 ml Milch (3,5 % Fett)
2 Eier (Größe M)
1 Paprikaschote
1/2 Brokkoli

Zutaten für die Fertigstellung am Montag:
1 EL Speiseöl
600 g Schweinegeschnetzeltes
100 g Schlagsahne
Salz
gem. Pfeffer

Pro Portion:
E: 46 g, F: 22 g, Kh: 31 g, kcal: 516

Vorbereitung am Sonntag

(siehe S. 113, 114)

1. Zwiebeln abziehen und fein hacken. Brötchen würfeln und mit Petersilie, Salz und Pfeffer in einer Schüssel vermengen. Butter in einer Pfanne erhitzen. 1/3 der Zwiebeln darin bei mittlerer Hitze 2–3 Minuten anschwitzen. Milch hinzugeben und 1–2 Minuten erhitzen. Die heiße Masse zu den Brötchen geben und vermengen. Etwa 30 Minuten quellen lassen.

2. Den Backofen vorheizen.
Ober-/Unterhitze: etwa 200 °C
Heißluft: nicht empfehlenswert

3. Eier aufschlagen und unter die gequollene Semmelmasse rühren. Mit angefeuchteten Händen 6 Knödel formen und diese in die Mulden einer Muffinform (für 12 Muffins, gefettet) setzen. Die Muffinform in den vorgeheizten Backofen schieben. Die Semmelknödel etwa 20 Minuten backen.

4. Paprikaschote halbieren, entstielen, entkernen, die weißen Scheidewände entfernen. Schote abspülen, abtropfen lassen und in Streifen schneiden. Den Brokkoli in Röschen teilen, abspülen, abtropfen lassen und in einem großen Topf mit siedendem Wasser 3–4 Minuten blanchieren. Anschließend in eine Schüssel mit eiskaltem Wasser abgießen, dann abtropfen lassen.

Fertigstellung am Montag

5. Speiseöl in einer großen Pfanne erhitzen. Geschnetzeltes mit Küchenpapier abtupfen, in die Pfanne geben und etwa 4 Minuten scharf anbraten. Etwa 1 Minute vor Garende die restliche Zwiebeln hinzugeben. Mit Sahne ablöschen, mit Salz und Pfeffer abschmecken. Brokkoli und Paprika hinzugeben und bei geschlossenem Deckel und kleiner Hitze in 5–8 Minuten gar ziehen lassen.

Tipp:
Wer die Semmelknödel gern gut durch mag, gibt sie am Ende zusammen mit dem Brokkoli und der Paprika in die Pfanne.

Reis mit Peperonata, Brokkoli und Feta

Garzeit am Montag: 10–13 Minuten

Vegetarisch

Zutaten für 4 Portionen

Zutaten für die Vorbereitung am Sonntag:
200 g Tomaten
500 g Paprikaschoten
1 rote Zwiebel
1 Knoblauchzehe
2 EL Olivenöl
½ TL Salz
½ Brokkoli (etwa 250 g)

Zutaten für die Fertigstellung am Dienstag:
200 g Basmatireis
(alternativ schnellkochender 10-Minuten-Reis)
Salz
200 g Fetakäse
gem. Pfeffer

Pro Portion:
E: 16 g, F: 18 g, Kh: 46 g, kcal: 422

Vorbereitung am Sonntag

(siehe S. 114)

1. Tomaten abspülen, abtrocknen, halbieren, die Stängelansätze herausschneiden und grob würfeln. Paprikaschoten halbieren, entstielen, entkernen, die weißen Scheidewände entfernen. Schoten abspülen, abtropfen lassen und sehr fein würfeln. Die rote Zwiebel abziehen, halbieren und fein hacken. Knoblauchzehen abziehen und durch eine Knoblauchpresse drücken.

2. Olivenöl in einem großen Topf erhitzen und Zwiebeln und Knoblauch darin etwa 2 Minuten scharf anbraten. Paprika, Tomaten und ½ Teelöffel Salz hinzugeben und etwa 30 Minuten bei geschlossenem Deckel köcheln lassen. Dabei gelegentlich umrühren.

3. Den Brokkoli in Röschen teilen, abspülen, abtropfen lassen und in einem großen Topf mit siedendem Wasser 3–4 Minuten blanchieren. Anschließend in eine Schüssel mit eiskaltem Wasser abgießen, dann abtropfen lassen.

Fertigstellung am Dienstag

4. Reis mit 400 ml Wasser und ½ Teelöffel Salz in einem Topf aufkochen, dann bei geschlossenem Deckel etwa 10 Minuten quellen lassen. Reis mit Peperonata und Brokkoli vermengen, Feta darüberbröseln, mit Salz und Pfeffer abschmecken und servieren.

Gyros mit Zaziki und Gewürzbaguette

Backzeit am Mittwoch:
10–12 Minuten

Bratzeit am Mittwoch:
etwa 10 Minuten

Zutaten für 4 Portionen

Zutaten für die Vorbereitung am Sonntag:
1 Salatgurke
3 Knoblauchzehen
250 g Speisequark (20 % Fett)
200 g griechischer Joghurt
1 TL Salz
250 g Butter (zimmerwarm)
1 TL Paprikapulver edelsüß

Zutaten für die Fertigstellung am Mittwoch:
1 Aufback-Baguette
800 g Gyros (bereits gewürzt, vom Metzger oder aus der Fleischtheke)
6 Stängel Dill

Pro Portion:
E: 62 g, F: 65 g, Kh: 48 g, kcal: 1036

Vorbereitung am Sonntag
(siehe S. 114, 115)

1. Salatgurke abspülen, längs halbieren und mit einem Teelöffel die Kerne herauskratzen und in feine Scheiben schneiden. 2 Knoblauchzehen abziehen und durch eine Knoblauchpresse drücken. Mit dem Quark, dem griechischen Joghurt und Salz in einer Schüssel vermengen.

2. Für die Gewürzbutter die restliche Knoblauchzehe abziehen und durch eine Knoblauchpresse drücken. Mit Butter und Paprikapulver vermengen

Fertigstellung am Mittwoch

3. Den Backofen vorheizen.
Ober-/Unterhitze: etwa 200 °C
Heißluft: etwa 180 °C

4. Baguette auf der Oberseite im Abstand von 1 ½ cm quer einschneiden, ohne es dabei zu durchtrennen. Die Gewürzbutter in sehr dünne Scheiben schneiden und in die eingeschnittenen Spalten stecken. Baguette auf einem Backblech (mit Backpapier belegt) in den vorgeheizten Backofen schieben. Das Baguette 10–12 Minuten backen.

5. Inzwischen eine beschichtete Pfanne auf höchster Stufe erhitzen. Gyros mit Küchenpapier abtupfen. Das Gyros in der heißen Pfanne etwa 10 Minuten ringsum scharf anbraten. Dill abspülen, trocken tupfen, die Spitzen von den Stängeln zupfen und fein hacken. Gurke, Dill und Knoblauchquark mischen und mit Baguette und Gyros servieren.

Tipp:
Statt Gewürzbaguette schmeckt auch frisches Fladenbrot dazu (s. Foto).

Semmelknödel mit Spiegelei und Peperonata

Garzeit am Donnerstag: 15–17 Minuten

Vegetarisch

Zutaten für 4 Portionen

Zutaten für die Vorbereitung am Sonntag:
½ Zwiebel
3 ½ Weizenbrötchen vom Vortag
25 g TK-Petersilie
½ TL Salz
2 Prisen gem. Pfeffer
20 g Butter
125 ml Milch (3,5 % Fett)
2 Eier (Größe M)
200 g Tomaten
500 g Paprikaschoten
1 rote Zwiebel
1 Knoblauchzehe
2 EL Olivenöl
½ TL Salz

Zutaten für die Fertigstellung am Donnerstag:
2 EL Olivenöl
4 Eier (Größe M)
Salz
gem. Pfeffer

Pro Portion:
E: 18 g, F: 24 g, Kh: 34 g, kcal: 434

Vorbereitung am Sonntag

(siehe S. 113, 114)

1. Zwiebel abziehen und fein hacken. Die Brötchen würfeln. Brötchen mit Petersilie, Salz und Pfeffer in einer Schüssel vermengen. Butter in einer Pfanne erhitzen. Zwiebel darin bei mittlerer Hitze 2–3 Minuten anschwitzen. Milch hinzugeben und 1–2 Minuten erhitzen. Die heiße Masse zu den Brötchen geben und vermengen. Etwa 30 Minuten quellen lassen.

2. Den Backofen vorheizen.
Ober-/Unterhitze: etwa 200 °C
Heißluft: nicht empfehlenswert

3. Eier aufschlagen und unter die gequollene Semmelmasse rühren. Mit angefeuchteten Händen 6 Knödel formen und diese in die Mulden einer Muffinform (für 12 Muffins, gefettet) setzen. Die Muffinform in den vorgeheizten Backofen schieben. Die Semmelknödel etwa 20 Minuten backen.

4. Tomaten abspülen, abtrocknen, halbieren, die Stängelansätze herausschneiden und grob würfeln. Paprikaschoten halbieren, entstielen, entkernen, die weißen Scheidewände entfernen. Schoten abspülen, abtropfen lassen und sehr fein würfeln. Die rote Zwiebel abziehen, halbieren und fein hacken. Knoblauchzehe abziehen und durch eine Knoblauchpresse drücken.

5. Olivenöl in einem großen Topf erhitzen und Zwiebeln und Knoblauch darin etwa 2 Minuten scharf anbraten. Paprika, Tomaten und ½ Teelöffel Salz hinzugeben und etwa 30 Minuten bei geschlossenem Deckel köcheln lassen. Dabei gelegentlich umrühren. Mit Salz abschmecken.

Fertigstellung am Donnerstag

6. Die Knödel in Scheiben schneiden. 1 Esslöffel Olivenöl in einer beschichteten Pfanne erhitzen und die Knödel darin auf mittlerer Stufe 8–10 Minuten knusprig anbraten.

7. In einer zweiten Pfanne restliches Öl erhitzen und 4 Spiegeleier in etwa 7 Minuten darin ausbraten. Die Peperonata in einem Topf auf mittlerer Stufe aufwärmen. Semmelknödel mit Peperonata und Spiegeleiern servieren.

Kartoffel-Kohlrabi-Gratin mit Lachs

Garzeit am Freitag: etwa 15 Minuten

Zutaten für 4 Portionen

Zutaten für die Vorbereitung am Sonntag:
1 Kohlrabi (etwa 500 g)
500 g festkochende Kartoffeln
200 g Schlagsahne
1 TL Salz
1/3 TL gem. Pfeffer

Zutaten für die Fertigstellung am Freitag:
4 TK-Lachsfiletstreifen (aufgetaut, etwa 500 g)
100 g ger. Gouda

Pro Portion:
E: 40 g, F: 49 g, Kh: 16 g, kcal: 658

Vorbereitung am Sonntag

(siehe S. 113)

1. Den Backofen vorheizen.
Ober-/Unterhitze: etwa 200 °C
Heißluft: etwa 180 °C

2. Kohlrabi und die Kartoffeln schälen und in feine Scheiben hobeln. Gemüse abwechselnd in eine Auflaufform (etwa 17 x 23 cm, gefettet) schichten. Sahne mit Salz und Pfeffer vermengen und über das Gratin gießen.

3. Die Auflaufform auf dem Rost in den vorgeheizten Backofen schieben. Das Kartoffel-Kohlrabi-Gratin etwa 45 Minuten backen.

Fertigstellung am Freitag

4. Die Lachsfiletstreifen am besten über Nacht im Kühlschrank auftauen lassen.

5. Den Backofen vorheizen.
Ober-/Unterhitze: etwa 200 °C
Heißluft: etwa 180 °C
(Wenn Sie das Gericht außerhalb der Reihe und nicht als Meal Prep zubereiten, können Sie den Schritt 5 überspringen.)

6. Die Lachsfilets mit Küchenpapier abtupfen und auf das Gratin legen. Gouda darüberstreuen. Das Gratin wieder in den heißen Backofen geben und etwa 15 Minuten backen.

WOCHE 8

MONTAG

Zucchinipuffer mit Tomatensalat

DIENSTAG

Shepherd's Pie mit Pastinakenhaube

MITTWOCH

Garnelen in Tomatensauce mit Pastinakenpüree

DONNERSTAG

Nudelsalat mit Ofengemüse

FREITAG

Fladenbrotpizza mit Spinat und Schinken

MO

DI

MI

DO

FR

Einkaufsliste Woche 8

Obst, Gemüse, Kräuter:

1 kg Zucchini
2 Zwiebeln
1 Bund Dill
500 g Cocktailtomaten
2 kg Pastinaken
1 kg mehligkochende Kartoffeln
450 g Süßkartoffeln
400 g Möhren
2 Paprikaschoten
2 Auberginen
2 Knoblauchzehen
1 Stängel Thymian
1 Bund Basilikum
1 Bio-Zitrone
(unbehandelt, ungewachst)

Frische Produkte (Kühltheke):

200 g Fetakäse
500 ml Milch (3,5 % Fett)
40 g Butter
200 g Manourikäse (ersatzweise
200 g Feta oder Mini-Mozzarella)
250 g Ricotta
100 g gekochter Schinken
120 g ger. Emmentaler

Tiefkühlprodukte:

500 g TK-Garnelen
100 g TK-Blattspinat

Ungekühlte Lebensmittel:

1 Ei (Größe M)
120 g Weizenmehl
1 TL Backpulver
2 EL dunkler Balsamico-Essig
1 TL Honig
1,2 kg stückige Tomaten
(aus der Dose)
400 g braune Linsen
(aus der Dose)
300 g Spirelli-Nudeln
1 Fladenbrot (etwa 450 g),
ggf. frisch einkaufen
10 getrocknete Tomaten

Gewürze:

1 TL Instant-Gemüsebrühe
2 EL getrocknete italienische
Kräuter
1 TL Chilipulver

Vorbereitung am Sonntag Woche 8

Für die **Zucchinipuffer mit Tomatensalat** von den Zucchini die Enden abschneiden. Zucchini abspülen, abtropfen lassen und grob raspeln. Die Raspel in ein Sieb geben und etwa 10 Minuten abtropfen lassen. Inzwischen 1 Zwiebel abziehen und sehr fein würfeln. Dill abspülen, trocken tupfen, die Spitzen von den Stängeln zupfen und fein hacken. Den Dill zusammen mit der gewürfelten Zwiebel, Ei, Mehl und Backpulver in eine große Schüssel geben. Feta mit den Händen oder einer Gabel fein zerkrümeln und in die Schüssel geben.

Die Zucchiniraspel in ein Mull- oder Geschirrhandtuch geben und sehr gut auspressen, bis keine Flüssigkeit mehr austritt. Zucchini in die Schüssel geben und alles gut mischen.
Die Masse mit Salz und Pfeffer würzen. In 2 beschichteten Pfannen je 4 Esslöffel Speiseöl erhitzen.
Aus der Masse mit leicht feuchten Händen 16 Bratlinge mit einem Durchmesser von 7–8 cm formen und 4 Stück pro Pfanne von jeder Seite etwa 6 Minuten bei mittlerer Hitze ausbacken. Mit dem Rest genauso verfahren, evtl. etwas mehr Öl hinzufügen.
Die Puffer auf Küchenpapier komplett abkühlen lassen und in eine Dose verpackt im Kühlschrank lagern.

Für den **Shepherd's Pie mit Pastinakenhaube** und die **Garnelen in Tomatensauce mit Pastinakenpüree** Pastinaken putzen, schälen, abspülen und in 1 cm große Würfel schneiden. Kartoffeln schälen, abspülen, abtropfen lassen und ebenfalls in 1 cm große Würfel schneiden. Pastinaken und Kartoffeln in einen großen Topf geben und so viel Wasser hinzufügen, dass das Gemüse knapp bedeckt ist. Zugedeckt zum Kochen bringen und bei geschlossenem Deckel und geringer Hitze in etwa 30 Minuten gar kochen. Danach abgießen, warme Milch, Butter sowie Instant-Gemüsebrühe hinzugeben und mit einem Kartoffelstampfer zu einem cremigen Püree stampfen.

Das Püree mit Salz und Pfeffer abschmecken.

Das Püree komplett abkühlen lassen und luftdicht verpackt im Kühlschrank lagern.

Für den **Shepherd's Pie mit Pastinakenhaube** und den **Nudelsalat mit Ofengemüse** den Backofen vorheizen.
Ober-/Unterhitze: etwa 190 °C
Heißluft: nicht empfehlenswert

Süßkartoffeln und Möhren schälen, abspülen und abtropfen lassen. Süßkartoffeln und Möhren in 2 cm große Würfel schneiden. Paprikaschoten halbieren, entstielen, entkernen und die weißen Scheidewände entfernen. Schoten

abspülen, abtropfen lassen und in 2 cm große Würfel schneiden. Auberginen putzen, abspülen, abtropfen lassen, längs vierteln und in 1 cm dicke Scheiben schneiden. Das Gemüse mit 4 Esslöffeln Olivenöl, italienischen Kräutern, Chilipulver sowie Salz würzen und auf einem Backblech verteilen. Das Backblech in den vorgeheizten Backofen schieben. Das Gemüse etwa 30 Minuten backen. Die Hälfte des Ofengemüses abkühlen lassen, in ein Gefäß füllen und abgedeckt im Kühlschrank aufbewahren.

Für den **Shepherd's Pie mit Pastinakenhaube** 1 Zwiebel und 1 Knoblauchzehe abziehen und fein würfeln. 2 Esslöffel Öl in eine

Pfanne erhitzen und Zwiebel und Knoblauch darin etwa 4 Minuten anbraten. 800 g stückige Tomaten hinzugeben und mit Salz und Pfeffer würzen. Etwa 5 Minuten einkochen lassen. Dann das restliche gebackene Ofengemüse hinzugeben und heiß in eine große Auflaufform füllen. Die Form mit einem Deckel oder Alufolie luftdicht verschließen und im Kühlschrank lagern.

Für die **Fladenbrotpizza mit Spinat und Schinken** den Schinken in 1 cm breite Streifen und die getrockneten Tomaten in 1 cm große Stücke schneiden. Beides getrennt in luftdichten Gefäßen verpacken und im Kühlschrank lagern.

Letzte Schritte Montag bis Freitag

Am Montag: Durchführung der Schritte 5–7 zur Fertigstellung des Gerichts „Zucchinipuffer mit Tomatensalat“ (s. Seite 132).

Am Dienstag: Durchführung der Schritte 7–8 zur Fertigstellung des Gerichts „Shepherd's Pie mit Pastinakenhaube“ (s. Seite 134).

Am Mittwoch: Durchführung der Schritte 3–4 zur Fertigstellung des Gerichts „Garnelen in Tomatensauce mit Pastinakenpüree“ (s. Seite 136).

Am Donnerstag: Durchführung der Schritte 5–7 zur Fertigstellung des Gerichts „Nudelsalat mit Ofengemüse“ (s. Seite 138).

Am Freitag: Durchführung der Schritte 2–4 zur Fertigstellung des Gerichts „Fladenbrotpizza mit Spinat und Schinken“ (s. Seite 140).

Zucchinipuffer mit Tomatensalat

Backzeit am Montag: 7–10 Minuten

Vegetarisch

Zutaten für 4 Portionen

Zutaten für die Vorbereitung am Sonntag:
1 kg Zucchini
1 Zwiebel
1 Bund Dill
1 Ei (Größe M)
120 g Weizenmehl
1 TL Backpulver
200 g Fetakäse
Salz
gem. Pfeffer
8 EL Speiseöl

Zutaten für die Fertigstellung am Montag:
500 g Cocktailtomaten
2 EL Olivenöl
2 EL dunkler Balsamico-Essig
1 TL Honig

Pro Portion:
E: 16 g, F: 39 g, Kh: 11 g, kcal: 470

Vorbereitung am Sonntag
(siehe S. 129)

1. Von den Zucchini die Enden abschneiden. Zucchini abspülen, abtropfen lassen und grob raspeln. Die Raspel in ein Sieb geben und etwa 10 Minuten abtropfen lassen.

2. Inzwischen 1 Zwiebel abziehen und sehr fein würfeln. Dill abspülen, trocken tupfen, die Spitzen von den Stängeln zupfen und fein hacken. Den Dill zusammen mit der gewürfelten Zwiebel, Ei, Mehl und Backpulver in eine große Schüssel geben. Feta mit den Händen oder einer Gabel fein zerkrümeln und in die Schüssel geben.

3. Die Zucchiniraspel in ein Mull- oder Geschirrhandtuch geben und sehr gut auspressen, bis keine Flüssigkeit mehr austritt. Zucchini in die Schüssel hinzugeben, gut mischen und mit Salz und Pfeffer würzen.

4. In 2 beschichteten Pfannen jeweils 4 Esslöffel Speiseöl erhitzen. Aus der Masse mit leicht feuchten Händen 16 Bratlinge mit einem Durchmesser von 7–8 cm formen und 4 Stück pro Pfanne von jeder Seite etwa 6 Minuten bei mittlerer Hitze ausbacken. Mit dem Rest genauso verfahren, evtl. etwas mehr Öl hinzufügen.

Fertigstellung am Montag

5. Den Backofen vorheizen.
Ober-/Unterhitze: etwa 250 °C
Heißluft: nicht empfehlenswert

6. Die Zucchinipuffer auf einem Backblech (mit Backpapier belegt) verteilen. Das Backblech in den vorgeheizten Backofen schieben. Die Puffer 7–10 Minuten erwärmen. (Wenn Sie das Gericht außerhalb der Reihe und nicht als Meal Prep zubereiten, können Sie die Schritte 5–6 überspringen.)

7. Inzwischen die Tomaten waschen und halbieren. Die Tomaten mit Olivenöl, Balsamico-Essig, Honig sowie Salz und Pfeffer mischen und zu den Puffern servieren.

Tipp:
Wer möchte, schneidet 500 g Hähnchenbrustfilet in 1 cm dicke Streifen und brät diese in zwei Pfannen mit je 2 Esslöffeln Speiseöl in etwa 4 Minuten von allen Seiten knusprig an. Das Filet mit Salz, Pfeffer und 1 Teelöffel Paprika edelsüß würzen.

Shepherd's Pie mit Pastinakenhaube

Backzeit am Dienstag:
etwa 15 Minuten

Vegetarisch

Zutaten für 4 Portionen

Zutaten für die Vorbereitung am Sonntag:
1 kg Pastinaken
500 g mehligkochende Kartoffeln
250 ml warme Milch (3,5 % Fett)
20 g Butter
1/2 TL Instant-Gemüsebrühe
Salz
gem. schwarzer Pfeffer
225 g Süßkartoffeln
200 g Möhren
1 Paprikaschote
1 Aubergine
2 EL Olivenöl
1 EL getrocknete italienische Kräuter
1/2 TL Chilipulver
1 Zwiebel
1 Knoblauchzehe
2 EL Speiseöl
800 g stückige Tomaten (aus der Dose)

Zutaten für die Fertigstellung am Dienstag:
400 g braune Linsen (aus der Dose)

Pro Portion:
E: 20 g, F: 19 g, Kh: 84 g, kcal: 636

Vorbereitung am Sonntag

(siehe S. 129, 130)

1. Die Pastinaken putzen, schälen und 1 cm groß würfeln. Die Kartoffeln schälen, abspülen, abtropfen lassen und in 1 cm große Würfel schneiden. Pastinaken und Kartoffeln in einen großen Topf geben und so viel Wasser hinzufügen, dass das Gemüse knapp bedeckt ist. Zugedeckt zum Kochen bringen und bei geschlossenem Deckel und geringer Hitze in etwa 30 Minuten gar kochen.

2. Das Gemüse abgießen und Milch, Butter sowie Instant-Gemüsebrühe hinzugeben und mit einem Kartoffelstampfer zu einem cremigen Püree stampfen. Das Püree mit Salz und Pfeffer abschmecken.

3. Den Backofen vorheizen.
Ober-/Unterhitze: etwa 190 °C
Heißluft: nicht empfehlenswert

4. Süßkartoffeln und Möhren schälen, abspülen und abtropfen lassen. Süßkartoffeln und Möhren in 2 cm große Würfel schneiden. Paprikaschote halbieren, entstielen, entkernen und die weißen Scheidewände entfernen. Schoten abspülen, abtropfen lassen und in 2 cm große Würfel schneiden. Aubergine putzen, abspülen, abtropfen lassen, längs vierteln und in 1 cm dicke Scheiben schneiden. Das Gemüse mit 2 Esslöffeln Olivenöl, italienischen Kräutern, Chilipulver sowie Salz würzen und auf einem Backblech verteilen.

5. Das Backblech in den vorgeheizten Backofen schieben. Das Gemüse etwa 30 Minuten backen.

6. Zwiebel und Knoblauchzehe abziehen und fein würfeln. Öl in einer Pfanne erhitzen und Zwiebel und Knoblauch darin anbraten. Stückige Tomaten hinzugeben und mit Salz und Pfeffer abschmecken. Etwa 5 Minuten einkochen lassen. Das Ofengemüse hinzugeben und heiß in eine große Auflaufform füllen.

Fertigstellung am Dienstag

7. Den Backofen vorheizen.
Ober-/Unterhitze: etwa 180 °C
Heißluft: nicht empfehlenswert
(Wenn Sie das Gericht außerhalb der Reihe und nicht als Meal Prep zubereiten, können Sie den Schritt 7 überspringen.)

8. Die Linsen in ein Sieb abgießen, mit Wasser abspülen und unter die Tomaten-Ofengemüse-Masse in der Auflaufform mischen. Das Pastinakenpüree evtl. noch einmal mit Salz und

Pfeffer abschmecken und auf dem Linsen-Gemüse so verteilen, dass sich eine Decke aus Püree bildet. Die Form auf einem Rost in den vorgeheizten Backofen schieben. Shepherd's Pie etwa 15 Minuten backen.

Tipp:
Sollten Reste übrig bleiben, können Sie den Shepherd's Pie auch gut einfrieren.

Garnelen in Tomatensauce mit Pastinakenpüree

Garzeit am Mittwoch:
etwa 9 Minuten

Zutaten für 4 Portionen

Zutaten für die Vorbereitung am Sonntag:
1 kg Pastinaken
500 g mehligkochende Kartoffeln
250 ml warme Milch (3,5 % Fett)
20 g Butter
1/2 TL Instant-Gemüsebrühe
Salz
gem. schwarzer Pfeffer

Zutaten für die Fertigstellung am Mittwoch:
1 Knoblauchzehe
1 Stängel Thymian
1 EL Speiseöl
500 g aufgetaute TK-Garnelen
400 g stückige Tomaten (aus der Dose)

Pro Portion:
E: 35 g, F: 18 g, Kh: 40 g, kcal: 483

Vorbereitung am Sonntag

(siehe S. 129, 130)

1. Pastinaken putzen, schälen, abspülen und in 1 cm große Würfel schneiden. Kartoffeln schälen, abspülen, abtropfen lassen und ebenfalls in 1 cm große Würfel schneiden. Pastinaken und Kartoffeln in einen großen Topf geben und so viel Wasser hinzufügen, dass das Gemüse knapp bedeckt ist. Zugedeckt zum Kochen bringen und bei geschlossenem Deckel und geringer Hitze in etwa 30 Minuten gar kochen.

2. Das Gemüse abgießen, warme Milch, Butter sowie Instant-Gemüsebrühe hinzugeben und mit einem Kartoffelstampfer zu einem cremigen Püree stampfen. Das Püree mit Salz und Pfeffer abschmecken.

Fertigstellung am Mittwoch

3. Den Knoblauch abziehen und durch eine Presse drücken. Den Thymian abspülen und trocken tupfen. Öl in einer großen Pfanne erhitzen und Knoblauch, Thymian sowie die aufgetauten Garnelen darin etwa 2 Minuten bei starker Hitze anbraten. Mit den stückigen Tomaten ablöschen, mit Salz und Pfeffer abschmecken und etwa 7 Minuten einköcheln lassen. Dann den Thymianzweig entfernen.

4. Parallel in einem Topf das Pastinakenpüree mit 50 ml Wasser unter ständigem Rühren bei kleiner Hitze erwärmen. Püree zusammen mit Garnelen servieren.

Tipp:
Die Tomatensauce für Erwachsene mit 1 Teelöffel Harissa würzen.

Nudelsalat mit Ofengemüse

Vegetarisch

Zutaten für 4 Portionen

Zutaten für die Vorbereitung am Sonntag:
225 g Süßkartoffeln
200 g Möhren
1 Paprikaschote
1 Aubergine
2 EL Olivenöl
1 EL getrocknete italienische Kräuter
½ TL Chilipulver
Salz

Zutaten für die Fertigstellung am Donnerstag:
Salz
300 g Spirelli-Nudeln
200 g Manourikäse
(ersatzweise 200 g Feta oder Mini-Mozzarella)
1 Bund Basilikum
(ersatzweise 1 Bund Petersilie)
1 Bio-Zitrone
(unbehandelt, ungewachst)
3 EL Olivenöl
gem. Pfeffer

Pro Portion:
E: 20 g, F: 26 g, Kh: 71 g, kcal: 617

Vorbereitung am Sonntag

(siehe S. 130)

1. Backofen vorheizen.
Ober-/Unterhitze: etwa 190 °C
Heißluft: nicht empfehlenswert

2. Süßkartoffeln und Möhren schälen, abspülen und abtropfen lassen. Süßkartoffeln und Möhren in 2 cm große Würfel schneiden. Paprikaschoten halbieren, entstielen, entkernen und die weißen Scheidewände entfernen. Schoten abspülen, abtropfen lassen und in 2 cm große Würfel schneiden. Aubergine putzen, abspülen, abtropfen lassen, längs vierteln und in 1 cm dicke Scheiben schneiden.

3. Das Gemüse mit 2 Esslöffeln Olivenöl, italienischen Kräutern, Chilipulver sowie Salz würzen und auf einem Backblech verteilen.

4. Das Backblech in den vorgeheizten Backofen schieben. Das Gemüse etwa 30 Minuten backen.

Fertigstellung am Donnerstag

5. Wasser in einem großen Topf zugedeckt zum Kochen bringen. Dann Salz und Spirelli-Nudeln zugeben. Die Nudeln im geöffneten Topf bei mittlerer Hitze nach Packungsanleitung bissfest kochen, dabei gelegentlich umrühren. Anschließend die Nudeln in ein Sieb geben, mit kalten Wasser abspülen und abtropfen lassen.

6. Manouri in 1 cm große Würfel schneiden. Basilikum abspülen, trocken tupfen, die Blättchen von den Stängeln zupfen und grob hacken.

7. Die Nudeln mit dem Ofengemüse und dem Manouri mischen. Die Zitrone heiß abspülen, abtrocknen und Zitronenschale fein abreiben. Die Zitrone halbieren und den Saft auspressen. Den Nudelsalat mit Olivenöl, Zitronenschale und Zitronensaft, Salz und Pfeffer anmachen und abschmecken. Direkt vor dem Servieren Basilikum unterheben.

Fladenbrotpizza mit Spinat und Schinken

Backzeit am Freitag:
etwa 11–13 Minuten

Zutaten für 4 Portionen

Zutaten für die Vorbereitung am Sonntag:
100 g gekochter Schinken
10 getrocknete Tomaten

Zutaten für die Fertigstellung am Freitag:
1 Fladenbrot (etwa 450 g)
250 g Ricotta
100 g aufgetauter TK-Blattspinat
gem. schwarzer Pfeffer
120 g ger. Emmentaler

Pro Portion:
E: 34 g, F: 28 g, Kh: 56 g, kcal: 619

Vorbereitung am Sonntag

(siehe S. 130)

1. Den Schinken in 1 cm breite Streifen und die getrockneten Tomaten in 1 cm große Stücke schneiden. Beides getrennt in luftdichten Gefäßen verpacken und im Kühlschrank lagern.

Fertigstellung am Freitag

2. Den Backofen vorheizen.
Ober-/Unterhitze: etwa 200 °C
Heißluft: etwa 180 °C

3. Das Fladenbrot halbieren und auf ein Backblech (mit Backpapier belegt) legen. Ricotta mit einem Messer auf die beiden Hälften verstreichen. Spinat teelöffelweise darauf verteilen. Schinkenstreifen und Tomatenstücke ebenfalls auf der Pizza verteilen. Die Fladenbrote mit Pfeffer und Käse bestreuen.

4. Das Backblech in den vorgeheizten Backofen schieben. Die Fladenbrotpizza mit Spinat und Schinken etwa 11–13 Minuten backen.

Tipp:
Bei dem Belag sind Ihnen keine Grenzen gesetzt. Gut schmeckt die Fladenbrotpizza auch mit Thunfisch und Zwiebeln oder mit Salamischeiben und Paprikastreifen.

WOCHE 9

MONTAG

Schweinefleisch süßsauer aus dem Wok

DIENSTAG

Tortellini-Auflauf

MITTWOCH

Chinakohl-Rouladen in Paprika-Sahne-Sauce

DONNERSTAG

Überbackenes Ofenbaguette mit Salat

FREITAG

Halloumi-Wraps

MO

DI

MI

DO

FR

Einkaufsliste Woche 9

Obst, Gemüse, Kräuter:

1 Chinakohl (etwa 1 kg)
1 ½ Bund Frühlingszwiebeln
500 g Champignons
1 Zwiebel
1 Knoblauchzehe
1 Bund Petersilie
1 großer Kopfsalat
5 Tomaten
1 kleine Salatgurke

Frische Produkte (Kühltheke):

500 g Schweinefilet
500 g Tortellini mit Käsefüllung (aus dem Kühlregal)
225 g Crème fraîche
200 g Schlagsahne
150 g Gouda
150 g Fetakäses
75 g gewürfelter Speck
200 g Halloumi

Tiefkühlprodukte:

2 EL TK-Schnittlauchröllchen

Ungekühlte Lebensmittel:

3 EL und 1 TL Speisestärke
930 g eingelegte, gegrillte rote Paprika (aus dem Glas)
140 g Ananasstücke (Abtropfgewicht, aus der Dose)
250 g asiatische Mie-Nudeln
1 Ei (Größe M)
400 g stückige Tomaten (aus der Dose)
390 g Mais (Abtropfgewicht, aus der Dose)
300 g Couscous
50 g Rauchmandeln
1 Aufback-Baguette (250 g)
4 Tortilla-Wraps

Gewürze:

1 TL getrockneter Oregano
5 EL Sojasauce
3 EL brauner Zucker
3 EL Ketchup
1 TL Dijon-Senf
½ TL Honig
3 Prisen ger. Muskatnuss

Zusätzlich:

Küchengarn

Vorbereitung am Sonntag Woche 9

Für die **Chinakohl-Rouladen in Paprika-Sahne-Sauce** Chinakohl putzen, abspülen, abtropfen lassen und 8 große Außenblätter ablösen.

Für das **Schweinefleisch süßsauer aus dem Wok** den übrigen Chinakohl zur Seite legen.

Für die **Chinakohl-Rouladen in Paprika-Sahne-Sauce** die Blätter in kochendem Wasser 2–3 Minuten blanchieren, bis sie biegsam werden. Mit einem Schaumlöffel aus dem Wasser heben und sofort in Eiswasser abschrecken. Blätter gut abtropfen lassen und auf einem sauberen Geschirrtuch ausbreiten. Die dicken Blattrippen flacher schneiden.

Für die Sauce die Zwiebel und die Knoblauchzehe abziehen und fein würfeln. 1 Esslöffel Speiseöl in einem Topf erhitzen, Zwiebel und Knoblauch darin kurz andünsten. Oregano hinzugeben. 465 g eingelegte, gegrillte rote Paprika (aus dem Glas) in ein Sieb gießen, abtropfen lassen, grob klein schneiden und mit 300 ml Wasser zur Zwiebel-Mischung geben. Mit Salz, Pfeffer und 1 Prise Zucker würzen, aufkochen und etwa 10 Minuten köcheln lassen. Sauce vom Herd nehmen, 100 g Sahne hinzugeben, fein pürieren und mit Salz und Pfeffer abschmecken.

Für die **Chinakohl-Rouladen in Paprika-Sahne-Sauce** und die **Halloumi-Wraps** Couscous in eine Schüssel geben, mit 400 ml kochendem Wasser übergießen und

etwa 5 Minuten quellen lassen. Die Masse mit Salz und Pfeffer würzen.

Für die **Halloumi-Wraps** ein Drittel des Couscous in ein Vorratsgefäß füllen, 6 Esslöffel der vorbereiteten Paprika-Rahm-Sauce hinzugeben und untermischen. Abgedeckt in den Kühlschrank stellen.

Für die **Chinakohl-Rouladen in Paprika-Sahne-Sauce** Rauchmandeln hacken, abspülen, abtropfen lassen und die Blättchen von den Stängeln zupfen. Die Blättchen fein schneiden. Die Hälfte der Petersilie mit den Rauchmandeln unter den übrigen Couscous heben. 100 g Feta dazubröseln und ebenfalls unterheben. Die Masse mit Salz und Pfeffer abschmecken und abkühlen lassen. Je 1 gehäuften Esslöffel Füllung mit angefeuchteten Händen zu einer runden Kugel zusammendrücken und auf die Chinakohlblätter geben. Die Seiten zur Mitte klappen, das untere Blattende über die Füllung schlagen und einrollen. Rouladen mit Küchengarn verschnüren. Rouladen in die Paprika-Rahm-Sauce legen und zugedeckt bei mittlerer Hitze etwa 20 Minuten garen.
Alles abkühlen lassen und abgedeckt in den Kühlschrank stellen.

Für das **Schweinefleisch süßsauer aus dem Wok** Schweinefilet mit Küchenpapier abtupfen, in feine Streifen schneiden und in einen Gefrierbeutel geben. 3 Esslöffel Sojasauce, 1 Eiweiß und 3 Esslöffel Speisestärke verrühren. Zum Fleisch geben, Beutel verschließen und alles durch Kneten des Beutels gut mischen. In den Kühlschrank stellen.
Restlichen Chinakohl putzen, abspülen, abtropfen lassen und in schmale Streifen schneiden. Abgedeckt kalt stellen. Frühlingszwiebeln putzen, abspülen, abtropfen lassen und in feine Ringe schneiden. Menge in 3 Teile teilen, 1 Teil davon abgedeckt in den Kühlschrank stellen. 465 g eingelegte, gegrillte rote Paprika (aus dem Glas) abgießen,

gut abtropfen lassen und in Streifen schneiden, in ein Gefäß füllen und abgedeckt in den Kühlschrank stellen. Ananasstücke in ein Sieb gießen, den Saft dabei auffangen. Die Ananasstücke abgedeckt in den Kühlschrank stellen.
Für die Sauce Ananassaft mit 5 Esslöffeln Wasser, 2 Esslöffeln Sojasauce, 1 Teelöffel Speisestärke, 3 Esslöffeln Essig, 3 Esslöffeln Ketchup und 3 Esslöffeln braunem Zucker in ein Schraubglas geben, verschließen und kräftig schütteln. In den Kühlschrank stellen.

Für den **Tortellini-Auflauf** Champignons putzen, evtl. mit Küchenpapier abreiben und klein schneiden. 1 Esslöffel Speiseöl in einer beschichteten Pfanne erhitzen. Die Pilze darin unter Wenden etwa 5 Minuten kräftig anbraten. 1 Teil der Frühlingszwiebeln hinzugeben, kurz mitbraten. Stückige Tomaten, 100 g Crème fraîche und 100 g

Schlagsahne hinzugeben, alles aufkochen und etwa 10 Minuten bei mittlerer Hitze köcheln lassen. Mit Salz und Pfeffer abschmecken. Sauce in ein Vorratsgefäß umfüllen, abkühlen lassen und abgedeckt kalt stellen.
Während die Sauce kocht, Tortellini in Salzwasser nach Packungsanleitung, jedoch etwa 1 Minute kürzer als angegeben, garen. Tortellini abgießen, abtropfen lassen, abkühlen lassen und in eine Auflaufform (etwa 30 x 24 cm, etwa

2 ½ l Inhalt, gefettet) geben und abgedeckt kalt stellen.

Für das **Überbackene Ofenbaguette mit Salat** 150 g Mais abgießen und gut abtropfen lassen. Die restliche Petersilie und den letzten Teil der Frühlingszwiebeln mit 75 g Gouda, dem Speck und 125 g Crème fraîche in eine Vorratsdose mit Deckel geben, gut mischen und mit Salz, Pfeffer und 3 Prisen Muskat kräftig abschmecken. Abgedeckt kalt stellen.
Für das Dressing 1 Esslöffel Essig, 1 Teelöffel Dijon-Senf, ½ Teelöffel Honig, 3 Esslöffel Olivenöl und etwas Salz und Pfeffer in ein Schraubglas geben, kräftig schütteln, mit Salz und Pfeffer abschmecken und kalt stellen.

Für die **Halloumi-Wraps** die Salatgurke abspülen, abtropfen lassen, evtl. schälen, längs vierteln und entkernen. Das Fruchtfleisch in dünne, lange Streifen schneiden. Abgedeckt kalt stellen.

Letzte Schritte Montag bis Freitag

Am Montag: Durchführung der Schritte 4–7 zur Fertigstellung des Gerichts „Schweinefleisch süßsauer aus dem Wok“ (s. Seite 148).

Am Dienstag: Durchführung der Schritte 3–4 zur Fertigstellung des Gerichts „Tortellini-Auflauf“ (s. Seite 150).

Am Mittwoch: Durchführung der Schritte 6–7 zur Fertigstellung des Gerichts „Chinakohl-Rouladen in Paprika-Sahne-Sauce“ (s. Seite 152).

Am Donnerstag: Durchführung der Schritte 3–5 zur Fertigstellung des Gerichts „Überbackenes Ofenbaguette mit Salat“ (s. Seite 154).

Am Freitag: Durchführung der Schritte 3–6 zur Fertigstellung des Gerichts „Halloumi-Wraps“ (s. Seite 156).

Schweinefleisch süßsauer aus dem Wok

Garzeit am Montag: etwa 15 Minuten

Zutaten für 4 Portionen

Zutaten für die Vorbereitung am Sonntag:
500 g Schweinefilet
5 EL Sojasauce
1 Eiweiß
3 EL + 1 TL Speisestärke
500 g Chinakohl
1/2 Bund Frühlingszwiebeln
465 g eingelegte, gegrillte rote Paprika (aus dem Glas)
140 g Ananasstücke (Abtropfgewicht, aus der Dose)
3 EL Essig
3 EL Ketchup
3 EL brauner Zucker

Zutaten für die Fertigstellung am Montag:
2 EL Speiseöl
250 g asiatische Mie-Nudeln
Salz
2 EL TK-Schnittlauchröllchen

Pro Portion:
E: 40 g, F: 10 g, Kh: 75 g, kcal: 575

Vorbereitung am Sonntag

(siehe S. 145, 146)

1. Das Schweinefilet mit Küchenpapier abtupfen, in feine Streifen schneiden und in einen Gefrierbeutel geben. 3 Esslöffel Sojasauce, Eiweiß und 3 Esslöffel Stärke verrühren. Zum Fleisch geben, Beutel verschließen und alles durch Kneten des Beutels gut mischen. Kalt stellen.

2. Den Chinakohl putzen, abspülen, abtropfen lassen und in schmale Streifen schneiden. Die Frühlingszwiebeln putzen, abspülen, abtropfen lassen, in feine Ringe schneiden und abgedeckt kalt stellen. Die Paprika abgießen, gut abtropfen lassen und in Streifen schneiden. Die Ananasstücke in ein Sieb gießen, den Saft dabei auffangen.

3. Für die Sauce Ananassaft mit 5 Esslöffeln Wasser, 2 Esslöffeln Sojasauce, 1 Teelöffel Stärke, Essig, Ketchup und Zucker in ein Schraubglas geben, verschließen und kräftig schütteln.

Fertigstellung am Montag

4. Einen Esslöffel Speiseöl in einem Wok oder einer tiefen Pfanne erhitzen. Das Fleisch aus der Marinade nehmen und im heißen Öl unter Wenden auf höchster Stufe etwa 5 Minuten kräftig anbraten und herausnehmen.

5. Wok bzw. Pfanne auswischen. Restliches Öl darin erhitzen. Den Chinakohl und die Frühlingszwiebeln darin unter ständigem Wenden etwa 5 Minuten braten. Die Paprika und die Ananas hinzugeben, die Sauce angießen, alles aufkochen und etwa 2 Minuten köcheln lassen. Das Fleisch wieder hinzugeben, alles etwa 3 Minuten köcheln lassen.

6. Inzwischen die Nudeln in eine Schüssel geben, nach Packungsanleitung mit kochendem Wasser übergießen und gar ziehen lassen. Die Nudeln abgießen und abtropfen lassen.

7. Das Schweinefleisch süßsauer mit etwas Salz abschmecken, mit Schnittlauch bestreuen und mit den Nudeln servieren.

Tortellini-Auflauf

Garzeit am Dienstag:
etwa 10 Minuten

Vegetarisch

Zutaten für 4 Portionen

Zutaten für die Vorbereitung am Sonntag:
500 g Champignons
1/2 Bund Frühlingszwiebeln
1 EL Speiseöl
400 g stückige Tomaten (aus der Dose)
100 g Crème fraîche
100 g Schlagsahne
Salz
gem. Pfeffer
500 g Tortellini mit Käsefüllung (aus dem Kühlregal)

Zutaten für die Fertigstellung am Dienstag:
240 g Mais (Abtropfgewicht, aus der Dose)
75 g Gouda

Pro Portion:
E: 19 g, F: 34 g, Kh: 34 g, kcal: 533

Vorbereitung am Sonntag

(siehe S. 146)

1. Die Pilze putzen, evtl. mit Küchenpapier abreiben und klein schneiden. Die Frühlingszwiebeln putzen, abspülen, abtropfen lassen und in feine Ringe schneiden. Das Öl in einer beschichteten Pfanne erhitzen. Die Pilze darin unter Wenden etwa 5 Minuten kräftig anbraten. Die Frühlingszwiebeln hinzugeben, kurz mitbraten. Die Tomaten, die Crème fraîche und die Sahne hinzugeben, alles aufkochen und etwa 10 Minuten bei mittlerer Hitze köcheln lassen. Mit Salz und Pfeffer würzen.

2. Während die Sauce kocht, Tortellini in Salzwasser nach Packungsanleitung, jedoch etwa 1 Minute kürzer als angegeben, garen. Tortellini abgießen, abtropfen lassen, abkühlen lassen, in eine Auflaufform (etwa 30 x 24 cm, etwa 2,5 l Inhalt, gefettet) geben.

Fertigstellung am Dienstag

3. Den Backofen vorheizen.
Ober-/Unterhitze: etwa 200 °C
Heißluft: etwa 180 °C

4. Den Mais abgießen und gut abtropfen lassen. Zusammen mit der Sauce zu den Tortellini in die Auflaufform geben und alles gut mischen. Auflauf mit dem Käse bestreuen. Die Auflaufform in den vorgeheizten Backofen schieben. Den Auflauf etwa 10 Minuten überbacken.

Chinakohl-Rouladen in Paprika-Sahne-Sauce

Vegetarisch

Zutaten für 4 Portionen

Zutaten für die Vorbereitung am Sonntag:
8 große Blätter Chinakohl
1 Zwiebel
1 Knoblauchzehe
1 EL Olivenöl
1 TL getrockneter Oregano
465 g eingelegte, gegrillte rote Paprika (aus dem Glas)
Salz
gem. Pfeffer
1 Prise Zucker
100 g Schlagsahne
200 g Couscous
275 ml kochendes Wasser
50 g Rauchmandeln
1/2 Bund Petersilie
100 g Fetakäse

Zutaten für die Fertigstellung am Mittwoch:
50 g Fetakäse

Zusätzlich:
Küchengarn

Pro Portion:
E: 18 g, F: 27 g, Kh: 39 g, kcal: 516

Vorbereitung am Sonntag
(siehe S. 145)

1. Die Chinakohlblätter in kochendem Wasser 2–3 Minuten blanchieren, bis sie biegsam werden, mit einem Schaumlöffel aus dem Wasser heben und sofort in Eiswasser abschrecken. Blätter gut abtropfen lassen und auf einem sauberen Geschirrtuch ausbreiten. Die dicken Blattrippen flacher schneiden.

2. Für die Sauce Zwiebel und die Knoblauchzehe abziehen und fein würfeln. 1 Esslöffel Speiseöl in einem Topf erhitzen, Zwiebel und Knoblauch darin kurz andünsten. Oregano hinzugeben. Paprika in ein Sieb gießen, abtropfen lassen, grob klein schneiden und mit 300 ml Wasser zur Zwiebel-Mischung geben. Mit Salz, Pfeffer und Zucker würzen, aufkochen und etwa 10 Minuten köcheln lassen. Sauce vom Herd nehmen, Sahne hinzugeben, fein pürieren und mit Salz und Pfeffer abschmecken.

3. Inzwischen für die Füllung Couscous in eine Schüssel geben, mit 275 ml kochendem Wasser übergießen und etwa 5 Minuten quellen lassen. Die Masse mit Salz und Pfeffer würzen. Die Rauchmandeln hacken. Die Petersilie abspülen, trocken tupfen, Blätter von den Stängeln zupfen und fein hacken. Beides unter den Couscous heben. Fetakäse dazubröseln und ebenfalls unterheben. Die Masse mit Salz und Pfeffer abschmecken.

4. Je 1 gehäuften Esslöffel Füllung mit angefeuchteten Händen zu einer runden Kugel zusammendrücken, auf die Chinakohlblätter geben. Die Seiten zur Mitte klappen, das untere Blattende über die Füllung schlagen und einrollen. Rouladen mit Küchengarn verschnüren.

5. Rouladen in die Sauce legen und zugedeckt bei mittlerer Hitze etwa 20 Minuten garen.

Fertigstellung am Mittwoch

6. Die Rouladen in der Sauce auf dem Herd erwärmen. Übrigen Couscous ebenfalls in einem kleinen Topf oder in der Mikrowelle erwärmen. (Wenn Sie das Gericht außerhalb der Reihe und nicht als Meal Prep zubereiten, können Sie den Schritt 6 überspringen.)

7. Die Rouladen mit der Sauce und dem übrigen Couscous anrichten. Feta darüberbröseln.

Überbackenes Ofenbaguette mit Salat

Backzeit am Donnerstag:
etwa 12 Minuten

Zutaten für 4 Portionen

Zutaten für die Vorbereitung am Sonntag:

1/2 Bund Frühlingszwiebeln
150 g Mais
(Abtropfgewicht, aus der Dose)
1/2 Bund Petersilie
75 g ger. Gouda
75 g gewürfelter Speck
125 g Crème fraîche
Salz
gem. Pfeffer
3 Prisen ger. Muskatnuss
1 EL heller Essig
1 TL Dijon-Senf
1/2 TL Honig
3 EL Olivenöl

Zutaten für die Fertigstellung am Donnerstag:

1 Aufback-Baguette (250 g)
1/2 Kopfsalat
3 Tomaten

Pro Portion:
E: 16 g, F: 37 g, Kh: 45 g, kcal: 583

Vorbereitung am Sonntag

(siehe S. 147)

1. Die Frühlingszwiebeln putzen, abspülen, abtropfen lassen und in feine Ringe schneiden. Den Mais abgießen und gut abtropfen lassen. Die Petersilie abspülen, abtropfen lassen und die Blättchen von den Stängeln zupfen. Die Blättchen fein schneiden. Alle vorbereiteten Zutaten mit dem Gouda, dem Speck und der Crème fraîche in eine Vorratsdose mit Deckel geben, gut mischen und mit Salz, Pfeffer und etwas Muskat kräftig abschmecken.

2. Für das Dressing Essig, Senf, Honig, Öl und etwas Salz und Pfeffer in ein Schraubglas geben, kräftig schütteln und mit Salz und Pfeffer abschmecken.

Fertigstellung am Donnerstag

3. Den Backofen vorheizen.
Ober-/Unterhitze: etwa 175 °C
Heißluft: etwa 155 °C

4. Das Baguette halbieren und die Hälften jeweils waagerecht aufschneiden, sodass 4 Stücke entstehen. Die Baguettestücke auf ein Backblech (mit Backpapier belegt) legen. Die vorbereitete Masse auf den Baguettestücken verteilen. Das Backblech in den vorgeheizten Backofen schieben. Die Baguettestücke etwa 12 Minuten überbacken.

5. Inzwischen den Kopfsalat abspülen, trocken schleudern und in Stücke zerpflücken. Die Tomaten abspülen, abtrocknen, halbieren und die Stängelansätze herausschneiden. Tomaten in Stücke schneiden. Beides in eine Schüssel geben. Das Dressing im Schraubglas kurz schütteln und mit dem Salat vermengen. Die Baguettes mit dem Salat servieren.

Halloumi-Wraps

Bratzeit am Freitag: etwa 13 Minuten

Vegetarisch

Zutaten für 4 Portionen

Zutaten für die Vorbereitung am Sonntag:
100 g Couscous
125 ml kochendes Wasser
6 EL Paprika-Sahne-Sauce
(s. Seite 152: „Chinakohl-Rouladen in Paprika-Sahne-Sauce“)
Salz
gem. Pfeffer
1 kleine Salatgurke

Zutaten für die Fertigstellung am Freitag:
1/2 Kopfsalat
2 Tomaten
200 g Halloumi
3 EL Speiseöl
4 Tortilla-Wraps

Pro Portion:
E: 20 g, F: 22 g, Kh: 50 g, kcal: 478

Vorbereitung am Sonntag

(siehe S. 145, 147)

1. Couscous in ein hitzebeständiges Gefäß geben, mit 125 ml kochendem Wasser übergießen und etwa 5 Minuten quellen lassen. Mit einer Gabel auflockern und die Paprika-Sahne-Sauce untermischen. Mit Salz und Pfeffer würzen und abkühlen lassen.

2. Gurke abspülen, abtropfen lassen, putzen, evtl. schälen, längs vierteln und entkernen. Das Fruchtfleisch in dünne, lange Streifen schneiden.

Fertigstellung am Freitag

3. Salat abspülen, trocken schleudern und in Stücke zerpflücken. Die Tomaten abspülen, abtrocknen, halbieren und die Stängelansätze herausschneiden. Die Tomaten in schmale Scheiben schneiden. Auf Küchenpapier abtropfen lassen.

4. Halloumi evtl. mit Küchenpapier trocken tupfen und in schmale Streifen schneiden. Das Öl in einer beschichteten Pfanne erhitzen und Halloumi darin unter Wenden bei mittlerer Hitze etwa 5 Minuten anbraten.

5. Inzwischen in einer zweiten Pfanne ohne Fett die Tortilla-Wraps pro Seite etwa 1 Minute erwärmen und herausnehmen.

6. Wraps mit je einem Viertel der Couscousmischung belegen. Halloumi, Salat, Gurke und Tomaten darauf verteilen. Seiten über die Füllung schlagen und die Wraps fest aufrollen. Nach Belieben halbieren und servieren.

WOCHE 10

MONTAG

Lasagne mit Bratwurst-Bolognese und Zucchini

DIENSTAG

Bratreis mit Pesto, Ei, Mais und Tomaten

MITTWOCH

Zucchini-Nudeln mit Bolognese-Sauce

DONNERSTAG

Kartoffelsalat griechischer Art

FREITAG

Tomatensuppe mit Quesadilla

MO

DI

MI

DO

FR

Einkaufsliste Woche 10

Obst, Gemüse, Kräuter:

3 Zucchini
(möglichst gerade gewachsen)
2 rote Zwiebeln
450 g bunte Cocktailtomaten
800 g festkochende Kartoffeln
1 kg Tomaten
10 Stängel Thymian

Frische Produkte (Kühltheke):

1 kg grobe Bratwurst
250 g Ricotta
250 g Naturjoghurt
3 Eier (Größe M)
180 g Fetakäse
200 g Schlagsahne
3 EL Schmand (Sauerrahm)
150 g ger. Emmentaler
180 g ger. Gratinkäse

Tiefkühlprodukte:

50 g TK-italienische-Kräuter

Ungekühlte Lebensmittel:

4–6 Lasagneplatten (etwa 100 g)
1 l passierte Tomaten
(aus dem Tetra Pak®)
175 g Basmatireis
200 g Pesto rosso
100 g Mais
(Abtropfgewicht, aus der Dose)
250 g Spaghetti
150 g in Öl eingelegte, getrocknete
Tomaten
75 g schwarze Oliven ohne Stein
70 g milde eingelegte Peperoni
6 Tortilla-Wraps

Gewürze:

2 EL Ahornsirup

Vorbereitung am Sonntag Woche 10

Für die **Tomatensuppe mit Quesadilla** den Backofen vorheizen.
Ober-/Unterhitze: etwa 210 °C
Heißluft: etwa 190 °C

Für den **Kartoffelsalat griechischer Art** Kartoffeln unter fließendem Wasser abbürsten. Die

Kartoffeln in den Topf geben und so viel Wasser hinzufügen, dass die Kartoffeln knapp bedeckt sind. Die Kartoffeln zugedeckt zum Kochen bringen und in 20–25 Minuten, je nach Größe der Kartoffeln, gar kochen.

Für die **Tomatensuppe mit Quesadilla** inzwischen Tomaten abspülen, trocken tupfen, vierteln, die Stängelansäte herausschneiden. Tomaten in Stücke schneiden und auf einem Backblech (mit Backpapier belegt) verteilen.
1 rote Zwiebel abziehen, halbieren, in dünne Streifen schneiden und zu den Tomaten geben. Thymian abspülen, trocken tupfen und ebenfalls auf dem Blech verteilen. Alles mit 2 Esslöffeln Olivenöl und Ahornsirup vermengen und das Backblech in den vorgeheizten Backofen schieben. Die Tomaten etwa 25 Minuten backen.
Thymian von den Stängeln streifen und mit Tomaten und Zwiebeln vom Blech sowie 75 g in Öl eingelegten, getrockneten Tomaten in einem Topf pürieren.
Die Masse abgedeckt in den Kühlschrank stellen.

Für die **Lasagne mit Bratwurst-Bolognese und Zucchini** und für die **Zucchini-Nudeln mit Bolognese-Sauce** inzwischen Bratwurst in 1 cm breite Stücke schneiden. In einer tiefen, beschichteten Pfanne 1 Esslöffel Speiseöl erhitzen und

die Wurststücke darin ringsum scharf anbraten. Passierte Tomaten, tiefgefrorene italienische Kräuter und 1 Esslöffel Zucker hinzugeben, etwa 5 Minuten offen köcheln lassen und mit Salz abschmecken.

Für die **Zucchini-Nudeln mit Bolognese-Sauce** die Hälfte der Bolognese heiß in ein sauberes Schraub- oder Einmachglas füllen und sofort verschließen. Nach dem Abkühlen im Kühlschrank aufbewahren.

Für die **Lasagne mit Bratwurst-Bolognese und Zucchini** 1 Zucchini abspülen, abtrocknen und die Enden abschneiden. Zucchini mithilfe des Sparschälers längs in dünne Streifen schneiden.
Den Boden einer Auflaufform (17 x 23 cm, gefettet) mit einer Schicht Lasagneplatten auslegen. Darüber die Hälfte der restlichen Bolognese aus dem Topf verteilen. Die restlichen Zucchinistreifen darüberlegen und 125 g Ricotta darauf verstreichen. Danach die restliche Bolognese, die restlichen Zucchinistreifen und den restlichen Ricotta auf die gleiche Weise einschichten. Die Lasagne mit dem Gratinkäse bestreuen.

Die Backofentemperatur auf 200 °C Ober-/Unterhitze (Heißluft: nicht empfehlenswert) herunterschalten. Die Lasagne in den vorgeheizten Backofen schieben. Die Lasagne etwa 40 Minuten backen. Die Lasagne aus dem Backofen nehmen, erkalten lassen und in den Kühlschrank stellen.

Für die **Zucchini-Nudeln mit Bolognese-Sauce** 2 Zucchini (etwa 400 g) abspülen, abtrocknen, die Enden abschneiden. Zucchini mit dem Spiralschneider spiralisieren oder mithilfe des Sparschälers längs in dünne Streifen schneiden. In eine Dose packen und luftdicht verschlossen im Kühlschrank aufbewahren.

Für den **Bratreis mit Pesto, Ei, Mais und Tomaten** Basmatireis mit 350 ml Wasser und ½ Teelöffel Salz in einen Kochtopf geben, einmal aufkochen lassen und dann zugedeckt auf der ausgeschalteten Platte quellen lassen. Dann abgedeckt in den Kühlschrank stellen.

Für den **Kartoffelsalat griechischer Art** die gekochten, abgekühlten Kartoffeln in dünne Scheiben schneiden. Naturjoghurt mit 25 ml Öl der getrockneten Tomaten, 6 Prisen Pfeffer und ⅓ Teelöffel Salz in einer Schüssel verrühren und die Kartoffeln unterheben. Abgedeckt in den Kühlschrank stellen. 75 g getrocknete Tomaten klein schneiden, Oliven in Ringe schneiden.

1 rote Zwiebel abziehen, halbieren und ebenfalls in feine Ringe scheiden. Peperoni abtropfen lassen und in kleine Stücke schneiden. 250 g Cocktailtomaten abspülen, abtropfen lassen und halbieren. Alles getrennt voneinander abfüllen und abgedeckt in den Kühlschrank stellen.

Letzte Schritte Montag bis Freitag

Am Montag: Durchführung der Schritte 5–6 zur Fertigstellung des Gerichts „Lasagne mit Bratwurst-Bolognese und Zucchini“ (s. Seite 164).

Am Dienstag: Durchführung der Schritte 2–3 zur Fertigstellung des Gerichts „Bratreis mit Pesto, Ei, Mais und Tomaten“ (s. Seite 166).

Am Mittwoch: Durchführung der Schritte 4–5 zur Fertigstellung des Gerichts „Zucchini-Nudeln mit Bolognese-Sauce“ (s. Seite 168).

Am Donnerstag: Durchführung des Schritts 4 zur Fertigstellung des Gerichts „Kartoffelsalat griechischer Art“ (s. Seite 170).

Am Freitag: Durchführung der Schritte 4–6 zur Fertigstellung des Gerichts „Tomatensuppe mit Quesadilla“ (s. Seite 172).

Lasagne mit Bratwurst-Bolognese und Zucchini

Backzeit am Montag:
etwa 15 Minuten

Zutaten für 4 Portionen

Zutaten für die Vorbereitung am Sonntag:
500 g grobe Bratwurst
1 TL Speiseöl
500 ml passierte Tomaten (aus dem Tetra Pak®)
25 g TK-italienische-Kräuter
1 TL Zucker
Salz
1 Zucchini
4–6 Lasagneplatten (etwa 100 g)
250 g Ricotta
180 g ger. Gratinkäse

Zutaten für die Fertigstellung am Montag:
keine

Pro Portion:
E: 39 g, F: 54 g, Kh: 28 g, kcal: 761

Vorbereitung am Sonntag
(siehe S. 161, 162)

1. Den Backofen vorheizen.
Ober-/Unterhitze: etwa 200 °C
Heißluft: nicht empfehlenswert

2. Bratwurst in 1 cm breite Stücke schneiden. In einer tiefen, beschichteten Pfanne Speiseöl erhitzen und die Wurststücke darin ringsum scharf anbraten. Passierte Tomaten, italienische Kräuter und Zucker hinzugeben, etwa 5 Minuten offen köcheln lassen und mit Salz abschmecken. Die Hälfte der Bolognese anderweitig verwenden, z. B. für Zucchini-Nudeln mit Bolognese-Sauce (s. Seite 168).

3. Zucchini abspülen, abtrocknen und die Enden abschneiden. Zucchini mithilfe des Sparschälers längs in dünne Streifen schneiden. Den Boden einer Auflaufform (17 x 23 cm, gefettet) mit einer Schicht Lasagneplatten auslegen. Darüber die Hälfte der Bolognese aus dem Topf verteilen. Die Hälfte Zucchinistreifen darüberlegen und 125 g Ricotta darauf verstreichen. Restliche Zutaten in dieser Weise einschichten. Abschließend mit Gratinkäse bestreuen.

4. Die Auflaufform auf dem Rost in den vorgeheizten Backofen schieben. Die Lasagne etwa 40 Minuten backen.

Fertigstellung am Montag

5. Den Backofen vorheizen.
Ober-/Unterhitze: etwa 180 °C
Heißluft: nicht empfehlenswert

6. Die Auflaufform wieder in den vorgeheizten Backofen schieben. Lasagne etwa 15 Minuten erwärmen. (Wenn Sie das Gericht außerhalb der Reihe und nicht als Meal Prep zubereiten, können Sie die Schritte 5–6 auslassen.)

Bratreis mit Pesto, Ei, Mais und Tomaten

Bratzeit am Dienstag:
etwa 10 Minuten

Vegetarisch

Zutaten für 4 Portionen

Zutaten für die Vorbereitung am Sonntag:
175 g Basmatireis
1/2 TL Salz

Zutaten für die Fertigstellung am Dienstag:
1 TL Olivenöl
200 g Cocktailtomaten
3 Eier (Größe M)
200 g Pesto rosso
100 g abgetropfter Mais (aus der Dose)
gem. Pfeffer

Pro Portion:
E: 13 g, F: 24 g, Kh: 47 g, kcal: 467

Vorbereitung am Sonntag

(siehe S. 162)

1. Den Basmatireis mit 350 ml Wasser und Salz in einen Kochtopf geben, einmal aufkochen lassen und dann zugedeckt auf der ausgeschalteten Platte quellen lassen.

Fertigstellung am Dienstag

2. Olivenöl in einer beschichteten Pfanne erhitzen. Reis darin etwa 5 Minuten anbraten.

3. Inzwischen Cocktailtomaten abspülen, abtropfen lassen und halbieren. Eier in der Pfanne aufschlagen und etwa 5 Minuten mitbraten. Dann Pesto unterrühren, Mais und Tomaten hinzugeben und vermischen. Bratreis mit Pfeffer abschmecken und servieren.

Tipp:
Dazu passen auch gut frische Kräuter wie Basilikum oder Petersilie oder auch Frühlingszwiebelringe.

Zucchini-Nudeln mit Bolognese-Sauce

Zutaten für 4 Portionen

Zutaten für die Vorbereitung am Sonntag:
500 g grobe Bratwurst
1 TL Speiseöl
500 ml passierte Tomaten (aus der Dose)
25 g italienische Kräuter (tiefgekühlt)
1 TL Zucker
Salz
2 Zucchini (etwa 400 g)

Zutaten für die Fertigstellung am Mittwoch:
250 g Spaghetti
Salz

Pro Portion:
E: 28 g, F: 36 g, Kh: 55 g, kcal: 662

Vorbereitung am Sonntag

(siehe S. 161, 162)

1. Den Backofen vorheizen.
Ober-/Unterhitze: etwa 200 °C
Heißluft: nicht empfehlenswert

2. Bratwurst in 1 cm breite Stücke schneiden. In einer tiefen, beschichteten Pfanne Speiseöl erhitzen und die Wurststücke darin ringsum scharf anbraten. Passierte Tomaten, italienische Kräuter und Zucker hinzugeben, etwa 5 Minuten offen köcheln lassen und mit Salz abschmecken. Die Hälfte der Bolognese anderweitig verwenden, z. B. für Lasagne mit Bratwurst-Bolognese und Zucchini (s. Seite 164).

3. Zucchini abspülen, abtropfen lassen und die Enden abschneiden. Zucchini mit dem Spiralschneider spiralisieren oder mithilfe des Sparschälers längs in dünne Streifen schneiden.

Fertigstellung am Mittwoch

4. Die Spaghetti in kochendem Salzwasser nach Packungsanleitung bissfest kochen, dabei gelegentlich umrühren. Anschließend die Spaghetti in ein Sieb geben, mit heißem Wasser abspülen und abtropfen lassen.

5. Die Bolognese-Sauce in einem zweiten Topf erwärmen. Die Nudeln mit den Zucchini-Nudeln und der Würstchen-Bolognese vermengen.

Kartoffelsalat griechischer Art

Vegetarisch

Zutaten für 4 Portionen

Zutaten für die Vorbereitung am Sonntag:
800 g Kartoffeln
250 g Naturjoghurt
25 ml Öl (von den getrockneten Tomaten)
6 Prisen gem. Pfeffer
1/3 TL Salz
1 rote Zwiebel
250 g Cocktailtomaten
75 g in Öl eingelegte, getrocknete Tomaten
75 g schwarze Oliven ohne Stein
70 g milde eingelegte Peperoni

Zutaten für die Fertigstellung am Donnerstag:
180 g Fetakäse
Salz
gem. Pfeffer

Pro Portion:
E: 14 g, F: 22 g, Kh: 34 g, kcal: 412

Vorbereitung am Sonntag

(siehe S. 161, 162)

1. Kartoffeln unter fließendem Wasser abbürsten. Die Kartoffeln in den Topf geben und so viel Wasser hinzufügen, dass die Kartoffeln knapp bedeckt sind. Die Kartoffeln zugedeckt zum Kochen bringen und in 20–25 Minuten, je nach Größe der Kartoffeln, gar kochen. Kartoffeln anschließend vollständig auskühlen lassen.

2. Die Kartoffeln in dünne Scheiben schneiden. Naturjoghurt mit Öl der getrockneten Tomaten, Pfeffer und Salz in einer Schüssel verrühren und die Kartoffeln unterheben.

3. Zwiebel abziehen, halbieren und in feine Ringe scheiden. Cocktailtomaten waschen und halbieren. Die getrockneten Tomaten klein schneiden, Oliven in Ringe schneiden. Peperoni abtropfen lassen und klein schneiden.

Fertigstellung am Donnerstag

4. Kartoffelsalat einmal durchrühren, dann Oliven, getrocknete Tomaten, Peperoni, rote Zwiebeln und Cocktailtomaten dazugeben, Feta darüberbröseln, verrühren, mit Salz und Pfeffer abschmecken und servieren.

Tomatensuppe mit Quesadilla

Backzeit am Freitag: etwa 6 Minuten

Vegetarisch

Zutaten für 4 Portionen

Zutaten für die Vorbereitung am Sonntag:
1 kg Tomaten
1 rote Zwiebel
10 Stängel Thymian
2 EL Olivenöl
2 EL Ahornsirup
75 g in Öl eingelegte, getrocknete Tomaten

Zutaten für die Fertigstellung am Freitag:
200 g Schlagsahne
Salz
gem. Pfeffer
6 Tortilla-Wraps
3 EL Schmand
150 g ger. Emmentaler

Pro Portion:
E: 21 g, F: 52 g, Kh: 56 g, kcal: 785

Vorbereitung am Sonntag

(siehe S. 161)

1. Den Backofen vorheizen.
Ober-/Unterhitze: etwa 210 °C
Heißluft: etwa 190 °C

2. Tomaten abspülen, trocken tupfen, vierteln, die Stängelansätze herausschneiden. Tomaten in Stücke schneiden und auf einem Backblech (mit Backpapier belegt) verteilen. Rote Zwiebel abziehen, halbieren, in dünne Streifen schneiden und zu den Tomaten geben.

3. Thymian abspülen, trocken tupfen und ebenfalls auf dem Blech verteilen. Alles mit 2 Esslöffeln Olivenöl und Ahornsirup vermengen und das Backblech in den vorgeheizten Backofen schieben. Die Tomaten etwa 25 Minuten backen.

4. Thymian von den Stängeln streifen und mit Tomaten und Zwiebeln vom Blech sowie den getrockneten Tomaten in einem Topf pürieren.

Fertigstellung am Freitag

5. Tomatensuppe mit 100 ml Wasser und Sahne auf mittlerer Stufe langsam erwärmen, dabei gelegentlich umrühren und mit Salz und Pfeffer abschmecken.

6. Inzwischen 3 Tortilla-Wraps mit je 1 Esslöffel Schmand bestreichen, mit Käse bestreuen, mit je einem weiteren Wrap belegen und nacheinander in einer beschichteten Pfanne bei mittlerer Hitze je 1 Minute pro Seite backen. Dann in Stücke schneiden und zur Suppe servieren.